经济管理理论与发展探究

孙妍 ◎著

中国出版集团

中译出版社

图书在版编目(CIP)数据

经济管理理论与发展探究 / 孙妍著 . -- 北京：中译出版社，2024.2

ISBN 978-7-5001-7752-4

Ⅰ.①经… Ⅱ.①孙… Ⅲ.①经济管理-理论研究 Ⅳ.①F2

中国国家版本馆 CIP 数据核字（2024）第 049349 号

经济管理理论与发展探究

JINGJI GUANLI LILUN YU FAZHAN TANJIU

著　　者：孙　妍
策划编辑：于　宇
责任编辑：于　宇
文字编辑：田玉肖
营销编辑：马　萱　钟筏童
出版发行：中译出版社
地　　址：北京市西城区新街口外大街 28 号 102 号楼 4 层
电　　话：（010）68002494（编辑部）
邮　　编：100088
电子邮箱：book@ctph.com.cn
网　　址：http://www.ctph.com.cn

印　　刷：北京四海锦诚印刷技术有限公司
经　　销：新华书店
规　　格：787 mm×1092 mm　1/16
印　　张：11.5
字　　数：229 千字
版　　次：2024 年 2 月第 1 版
印　　次：2024 年 2 月第 1 次印刷

ISBN 978-7-5001-7752-4　　定价：68.00 元

前　言

　　人们所处的经济社会和经济环境无时无刻不在发生着改变，市场因素、政治因素、人为因素以及一些突发事件，都在一定程度上冲击或影响相关的经济体。在经济体系不确定性被逐渐放大的情况下，企业经济管理上的创新活动具有十分重大的意义，它不仅代表着对过去的体制和工作方法的调整，更体现着企业上下以及各个部门在现今的大环境下，极高的应变能力以及强大的执行力和把控力，毕竟不论是哪个方面的一次创新都将涉及部门、员工、与外界的合作以及一些体制规章上的变化，创新活动从企划到实现将会是一个复杂且漫长的过程。只有企业中的各个部门、各个职能单位及员工之间同步和谐，才能均衡地实现企业目标，即企业经济管理的内涵。企业的工程技术人员不仅要掌握专业技术知识，还应掌握一定的经济管理知识与方法，这是企业发展的要求，也是市场经济发展和社会进步对人才的要求。

　　本书是经济管理方向的书籍，主要研究经济管理理论与创新发展，从经济管理基础理论介绍入手，针对经济与管理的关系、经济管理的性质与内容做了简要说明；从宏观和微观两种视角探讨了经济管理的相关理论，并对事业单位经济管理与创新模式进行了分析，阐释了科技与文化事业管理、公共卫生与公用事业管理、事业单位经济管理的内部控制、经济管理行为与创新模式等内容。此外，还研究了资产管理在事业单位经济管理中的作用，讲明了事业单位资产管理的理论分析、范畴界定、规模分析以及资产管理模式在其中发挥的预算管理作用和监督管理作用；最后，基于数字经济的发展对管理的创新提出了一些建议。本书力求对经济管理的研究与应用创新带来一定的借鉴意义。

　　在本书写作的过程中，参考了许多参考资料以及其他学者的相关研究成果，笔者在此表示由衷的感谢。鉴于时间较为仓促，水平有限，书中难免出现一些谬误之处，因此恳请广大读者、专家学者能够予以谅解并及时指正，以便后续笔者对本书做进一步的修改与完善。

作者

2023 年 12 月

目　录

第一章　经济管理基础理论 ……………………………………………… 1

　　第一节　经济与管理的关系 …………………………………………… 1

　　第二节　经济管理的性质与内容 …………………………………… 11

第二章　经济管理的宏观视角 ………………………………………… 18

　　第一节　国民收入决定论 …………………………………………… 18

　　第二节　财政与金融 ………………………………………………… 30

　　第三节　宏观经济管理与平衡 ……………………………………… 44

　　第四节　宏观经济管理的主体目标与监督 ………………………… 48

第三章　经济管理的微观视角 ………………………………………… 57

　　第一节　供求关系与市场均衡 ……………………………………… 57

　　第二节　消费者行为 ………………………………………………… 67

　　第三节　生产函数与生产要素 ……………………………………… 72

　　第四节　成本理论与利润最大化 …………………………………… 76

第四章　事业单位经济管理与创新模式 ……………………………… 81

　　第一节　科技与文化事业管理 ……………………………………… 81

　　第二节　公共卫生与公用事业管理 ………………………………… 96

　　第三节　事业单位经济管理的内部控制 ………………………… 113

　　第四节　事业单位经济管理行为与创新模式 …………………… 115

第五章　资产管理在事业单位经济管理中的作用 ·············· 120

 第一节　事业单位资产管理的理论分析 ·············· 120

 第二节　事业单位资产管理的范畴界定及规模分析 ·············· 123

 第三节　资产管理在事业单位经济管理中的预算管理作用 ·············· 129

 第四节　事业单位资产管理的具体对策建议与监督管理体制 ·············· 135

第六章　数字经济的发展及管理创新 ·············· 144

 第一节　数字经济的基础产业 ·············· 144

 第二节　数字经济的技术前瞻 ·············· 148

 第三节　数字经济的创新管理 ·············· 161

 第四节　数字经济发展的应对措施 ·············· 166

参考文献 ·············· 176

第一章 经济管理基础理论

第一节 经济与管理的关系

一、经济

(一) 经济的概念

"经济"这个词来源于希腊语，最早是古希腊的色诺芬在《经济论》和《雅典的收入》中使用的，是指奴隶主庄园的管理，或是说家庭管理的方法。在古希腊，经济是取得生活所必要的并且对家庭和国家有用的具有使用价值的物品的方法。在西方，随着自然经济发展到商品经济，"经济"一词便超出了家务管理的范围。在中国古代，"经"是指经营国家事务，"济"是指救济人民生活，"经济"一词的原意是指"经邦济世""经国济民"。清朝末期日本开始工业革命，吸收了大量的西方文化。在这个过程中，学者将西方经济类著作中的"Economy"一词译为"经济"。现代汉语中所使用的"经济"一词，是我国近代学者严复翻译日本著作时引进的词汇，并且随着社会的不断进步，"经济"一词在汉语中的含义更加广泛。

经济是人类社会存在的物质基础。与政治一样，经济也属于人类社会的上层建筑，是构建并维系人类社会运行的必要条件。在不同的语言环境中，"经济"一词有不同的含义。它既可以指一个国家的宏观的国民经济，也可以指一个家庭的收入和支出。"经济"有时作为一个名词，指一种财政状态或收支状态；有时候也可以作为动词使用，指一种生产过程等。

1. "经济"在我国古代的含义

我国早在公元4世纪初的东晋就已经开始使用"经济"一词了。《晋书·殷浩传》，"足下沉识淹长，思综通练，起而明之，足以经济。"此时，"经济"一词是经邦济世、经国济世或经世济民等词的综合和简化，含有"治国平天下"的意思。在我国古代文化中，"经济"一词的含义十分丰富，涵盖了丰富的社会内涵和人文思想，它代表着知识分子的责任。"经济"一词在我国古代汉语中主要指宏观层面上治理国家、拯救庶民。

2. "经济"在近现代的含义

随着时代的变迁，"经济"一词逐渐具有了现代社会中人们经常使用的含义。在日常生活中，人们认为经济是指耗费少而收益多、物力、个人的收支状况。

到了现代，由于不同的学者从不同的角度来解释经济，含义更加广泛。同时由于西方经济学中的经济学有多种定义，在西方经济学家看来，经济是经济学的研究对象，需要对其进行定义。因此，西方经济学中的"经济"一词的定义比较模糊，故而西方经济学中经济学的定义也不明确。

目前，国内不同的学者从不同的角度，也给出了经济不同的定义，如经济是指创造财富的过程；经济是指利用稀缺的资源生产有价值的商品，并将它们分配给不同的个人；经济是指资源配置的全过程及决定影响资源配置的全部因素；等等。

因此，一般认为经济就是稀缺资源的配置和稀缺资源的利用。

（二）资源和资源的稀缺性

1. 资源

生产经济物品的资源既包括经过人类劳动生产出来的经济物品，也包括大自然形成的自然资源。资源，也叫生产资源、生产要素，通常包括劳动、土地、矿藏、森林、水域等自然资源，以及由这两种原始生产要素生产出来再用于生产过程的资本财货，一般把它分为经济物品（国民财产）和自由物品（自然资源）。在经济学里，一般认为资源包括资本、劳动、土地和企业家才能四种要素。土地和劳动这两种生产要素又被称为原始的或第一级的生产要素，其中土地泛指各种自然资源。由两种原始生产要素生产出来的产品，除了直接用来满足人的消费需求以外，再投入生产过程中的资本财货则称为中间产品。

2. 资源的稀缺性

在现实生活中，人们需求的满足绝大多数是依靠经济物品来完成的，对于人的欲望来说，经济物品或生产这些经济物品的资源总是不足的，这种相对有限性就是资源的稀缺性。物品和资源是稀缺的，社会必须有效地加以利用，这是经济学的核心思想。理解资源稀缺性这一概念时，要注意以下三点。

（1）必要性

经济学研究的问题是由于资源稀缺性的存在而产生的，没有资源稀缺性就没有经济学研究的必要性。如在农业生产中，需要解决的主要经济问题是如何通过合理配置和利用土地、种子、机械设备、劳动力等稀缺资源，使之与自然界中的空气、阳光等自由物品相结合，生产出更多的产品，满足人类社会不断增长的物质和文化生活的需要。

（2）相对性

资源稀缺性强调的不是资源绝对数量的多少，而是相对于人类社会需要的无限性而言的资源的有限性。从这一点来理解，资源的稀缺性是一个相对性的概念，它产生于人类对欲望的满足和资源的不足之间的矛盾中。某种资源的绝对数量可能很多，但人们所需要的更多；某些资源的数量是相对固定的，如土地，而人类的需要是无限增长的，随着人类社会的发展，土地资源的稀缺性会表现得越来越突出。

（3）永恒性

对于人类社会来说，资源稀缺性的存在是一个永恒的问题。除泛在性自然资源外，其他资源都是稀缺资源，任何人、任何社会都无法摆脱资源的稀缺性。资源稀缺性的存在是人类社会必须面对的基本事实。随着社会发展以及生产和生活条件不断提高，人类的需要会不断增长，同时，自由物品也会逐渐变成经济物品。需要的无限性是人类社会前进的动力，人类永远都要为满足自己不断产生的需要而奋斗。

（三）资源配置和资源利用

1. 资源配置问题

人类的欲望具有无限性和层次性，但在一定时期内人的欲望又具有相对固定性，而且有轻重缓急之分。人们首先得满足自身生命的基本需要，此时其他的需要都退居次要地位。那么在资源有限的条件下，如何用有限的物品和服务在有限的时间内去满足最重要、最迫切的欲望呢？怎样使用有限的相对稀缺的生产资源来满足无限多样化的需要，这是一个经济问题，要求人们必须对如何使用稀缺资源做出选择。所谓选择，就是如何利用既定的有限的资源去生产尽可能多的经济物品，以便最大限度地满足自身的各种需求。

选择是经济学中首先要解决的问题，它涉及机会成本和资源配置问题。机会成本是做出决策时所放弃的另外多项选择中的潜在收益最高的那一项目的潜在收益。机会成本是经济活动中人们面临权衡取舍时的基本准则，也是一种经济思维方式。

2. 资源利用问题

在一个社会资源既定和生产技术水平不变的情况下，人类的生产情况有三种：第一种是现实生活中稀缺的资源和经济物品没有得到合理的利用，存在着资源浪费现象；第二种是稀缺的资源和经济物品得到了合理的利用；第三种是在现有的资源和技术水平条件下，既定的稀缺资源得到了充分利用，生产出了更多的产品，这是由人类欲望的无限性决定的。这样在资源配置既定的前提下，又引申出了资源利用问题。

资源利用就是人类社会如何更好地利用现有的稀缺资源，使之生产出更多的经济物品和服务。

3. 经济制度

资源配置和利用的运行机制就是经济制度。当前世界上解决资源配置与资源利用的经济制度基本有以下三种。

（1）计划经济制度

计划经济是指生产资料归国家所有，靠政府的指令性计划或指导性计划来做出有关生产和分配的所有重大决策，即通过中央的指令性计划或指导性计划来决定生产什么、如何生产和为谁生产。在生产力不发达的情况下，计划经济有其必然性和优越性，可以集中有限的资源实现既定的经济发展目标。但在生产力越来越发达以后，管理就会出现困难，漏洞也越来越多，计划经济就无法有效地进行资源配置了。计划经济是政府通过它的资源所有权和实施经济政策的权利来解决基本的经济问题的。按劳分配是计划经济制度条件下个人消费品分配的基本原则，是计划经济制度在分配领域的实现形式。

（2）市场经济制度

市场经济是一种主要由个人和私人企业决定生产和消费的经济制度。市场经济体制包含价格、市场、盈亏、激励等一整套机制，通过市场上价格的调节来决定生产什么、生产多少、如何生产和为谁生产。厂商生产什么产品取决于消费者的需求，如何生产取决于不同生产者之间的竞争。在市场竞争中，生产成本低、效率高的生产方法必然取代成本高、效率低的生产方法。为谁生产是分配问题，市场经济中分配的原则是按劳动要素分配，是按照资金、技术、管理等进行的分配，目的是更好地促进生产力的进一步发展。

市场经济的运转是靠市场价格机制的调节来实现的，从总体上看比计划经济效率高，更有利于经济发展。但市场经济也不是万能的，市场经济制度也存在着缺陷，也存在"市场失灵"的现象。

（3）混合经济制度

当今世界上没有任何一个经济完全属于上述两种极端之一，纯粹的计划经济和市场经济都各有其利弊，所以现实中的经济制度大都是一种混合的经济制度，总是以一种经济制度为主，另一种经济制度为辅。所谓混合经济制度就是指市场经济与计划经济不同程度地结合在一起的一种资源配置制度，它是既带有市场成分，又有指令或指导成分的经济制度。经济问题的解决既依赖于市场价格机制，又有政府的调控和管制，如对于垄断行为，政府就要干预。在现实中，许多国家的经济制度都是市场与计划不同程度结合的混合经济制度。

二、管理

（一）管理的概念

管理的概念从不同的角度和背景，可以有不同的解释。管理的定义是组成管理学理论的基本内容，明晰管理的定义也是理解管理问题和研究管理学最起码的要求。从字面上来看，可以将管理简单地理解为"管辖"和"处理"，即对一定范围内的人员及事物进行安排和处理。从词义上，管理通常被解释为主持或负责某项工作。人们在日常生活中对管理的理解也是这样，也是在这个意义上去应用管理这个词的。自从有集体协作劳动，就开始有了管理活动。在漫长而重复的管理活动中，管理思想逐步形成。

由于管理这一概念有多重含义，有广义的管理和狭义的管理，在不同的时代、不同的社会制度和不同的专业下，对管理的理解也是不同的。生产方式的社会化程度不断提高，人类的认知领域也在不断扩大，人们对管理现象的理解也在逐步提高。长期以来，许多中外学者从不同的研究角度出发，对管理做出了不同的解释，然而，不同学者在研究管理时出发点不同，因此，对"管理"一词所下的定义也就不同。直到目前为止，管理还没有一个统一的定义。特别是20世纪以来，不同的管理学派持有不同的理论观点，对管理的概念也有不同的看法。

管理包含着以下含义：管理的目的是有效地实现组织的目标；管理的手段是计划、组织、协调、领导、控制和创新等活动；管理的本质是协调，即利用上述手段来协调人力、物力、财力等方面的资源；管理的对象是人力资源、物力资源、财力资源和各项职能活动；管理的性质是人的有目的的社会活动。

（二）管理的属性

管理的属性是指管理既是科学也是艺术，一个成功的管理者必须具备这两方面的知识。管理的知识体系是一门科学，有明确的概念、范畴和普遍原理、原则等。管理作为实践活动是一门艺术，是管理者在认识客观规律的基础上灵活处理问题的一种创新能力和技巧。管理是科学性与艺术性的统一。

首先，管理是一门科学，它是以反映管理客观规律的管理理论和方法为指导，分析问题、解决问题的科学方法论。管理科学利用严格的方法来收集数据，并对数据进行分类和测量，建立一些假设，然后通过验证这些假设来探索未知的东西，所以说管理是一门科学。管理是一门科学，要求人们在社会实践中必须遵循客观规律，运用管理原理与原则，在理论的指导下进行管理工作。管理已形成了一套较为完整的知识体系，完全具备科学的特点，反映了管理过程的客观规律性。如果不承认管理是一门科学，不按照经济规律办事，违反管理的原理与原则，就会遭到规律的惩罚。

其次，管理是一门艺术。艺术没有统一模式，没有最佳模式，必须因人而异、因事而异。管理者要搞好管理工作，必须努力学习科学管理知识，并用以指导管理工作，在实践中不断提高管理水平。管理是合理充分地运用一系列已有知识的一门艺术。管理是艺术的根本原因在于管理最终是管人，没有人就没有管理，但人不是标准统一的零件和机器，人是有思维和感情的，管理必须因人、因事、因时、因地，灵活多变、创造性地去运用管理的技术与方法。世界上没有两个同样的人，世界上也没有两个同样的企业，因此，管理永远具有艺术性。

（三）管理的两重性

任何社会生产都是在一定的生产关系下进行的。管理，从最基本的意义来看，一是指挥劳动，二是监督劳动。由于生产过程具有两重性，既是物质资料的再生产过程，同时又是生产关系的再生产过程。因此，对生产过程进行的管理也就存在着两重性：一是与生产力、社会化大生产相联系的管理的自然属性；二是与生产关系、社会制度相联系的管理的社会属性。这就是管理的两重性，也是管理的性质。

1. 自然属性

自然属性是管理与生产力、社会化大生产相联系而体现出的性质，由共同劳动的性质所决定，是合理组织生产力的一般职能。这是社会主义和资本主义都相同的，与生产关系、社会制度无关，是我国改革开放后要引进和学习的部分，这部分体现在管理理论、方法与技术方面，是管理学的共性。

2. 社会属性

社会属性是管理与生产关系、社会制度相联系而体现出的性质，由生产关系的性质和社会制度所决定，是维护和完善生产关系的职能，也是社会主义与资本主义的本质区别，是我国坚持有中国特色社会主义管理的部分，是管理学的个性。研究管理的两重性有三种作用：一是有助于正确吸收和借鉴国外先进管理理论和管理方法；二是有助于总结和吸收我国古代管理思想的精华；三是有助于对中国当前管理实践的考察与研究。

（四）管理的职能

总的来看，管理职能汇总起来大致有计划、组织、指挥、协调、控制、激励、人事、调配资源、沟通、决策、创新等。目前，管理学界最为广泛接受的是将管理分为计划、组织、领导和控制四项基本职能。

1. 计划职能

计划就是根据组织内外部环境的要求来确定组织未来发展目标以及实现目标的方式。计划职能是指安排和规划未来的活动。计划职能是管理的首要职能。在开展一项活动之前，提前设计活动的内容和步骤，包括预测分析环境、制定决策等，计划可以分为制订计划、执行计划和检查计划三个步骤。

2. 组织职能

组织职能是指为达到组织目标，对所必需的各种业务活动进行组合分类，授予各类业务主管人员必要职权，加强上下左右工作关系的协调。组织职能包括设置必要的机构、划分各个职能机构的具体职责、确定人员、明确各级领导的责权、制定规章制度等。组织职能中要处理好两层关系：一是管理层次和管理宽度之间的关系，二是正式组织和非正式组织之间的关系。

3. 领导职能

领导职能是指在已经确定了组织目标和组织结构的前提下，管理者怎样带领成员实现组织目标。领导职能包括激励成员、对成员的活动进行指导、解决成员的问题等。

4. 控制职能

控制职能就是按既定的目标和标准，对组织的各种活动进行监督、检查，及时纠正执行偏差，使工作能按照计划进行，或适当调整计划以确保计划目标的实现。控制是重要的，因为任何组织、任何活动都需要控制，而控制是管理职能中最后的一环。

（五）管理的重要性

管理活动自古有之，长期以来，人们在不断的实践中认识到管理的重要性。20 世纪以来的管理运动和管理热潮取得了令人瞩目的成果，成果之一就是形成了较为完整的管理理论休系。

管理是促进现代社会文明发展的三大支柱之一，它与科学和技术三足鼎立。有学者认为，管理是促成社会经济发展的最基本的关键因素。发展中国家经济落后，关键是由于管理落后。国外的一些学者认为，19 世纪经济学家特别受欢迎，而 20 世纪 40 年代以后，则是管理人才的天下了。还有人指出，先进的科学技术与先进的管理是推动现代社会发展的"两个轮子"，二者缺一不可。这些都表明管理在现代社会中占有重要地位。

经济的发展需要依托于丰富的资源和先进的生产技术，但同样需要组织经济的能力，也就是管理能力。从这个层面上来看，管理即为一种资源，是"第三生产力"。

目前，在研究国与国之间的差距时，人们已把着眼点从"技术差距"转到"管理差距"上来。例如，美国与西欧国家之间的管理差距，原因在于美国的经济高于欧洲国家；日本经济的崛起，也正是抓住了技术，尤其是管理。由此可见，先进的技术，要有先进的管理与之相适应，否则落后的管理就不能使先进的技术得到充分发挥。管理在现代社会发展中起着极为重要的作用。美国人自己认定，他们是三分靠技术，七分靠管理，才使他们成为经济强国；日本人自己总结，管理与设备，管理更重要，管理出效率，管理出质量，管理可以提高经济效益。

三、经济与管理的关系分析

经济与管理是相互联系的，所有的经济活动中都含有管理活动，所有的管理活动都是在一定的经济规律指导下进行的。经济与管理都有自己的客观规律，与自然规律一样，在一定的社会历史条件下的经济规律、管理规律，也具有自己的客观性。人们既不能消灭也不能创造与制定这些经济规律、管理规律，任何管理活动都必须遵循经济规律，按照经济规律的要求办事，否则就要受到经济规律的惩罚。

（一）管理与经济效益分析

经济利益是推动企业发展和员工发展的动力源泉，经济效益是检验企业管理绩效的重要指标。如何使两者得到兼顾与协调，是经济管理中一个重要问题。

1. 管理与利益驱动

经济利益是物质的统称，是指在一定社会经济形式下，人们为了满足需要所获得的社会劳动成果。经济关系能够通过经济利益体现出来，经济利益是人们从事社会生产活动和其他社会活动的物质动因，从根本上说，人们为了获得自己生存需要的物质、文化、生活资料，即物质利益，必须进行管理活动，有效地管理才能实现社会经济利益。在获得物质利益和个人利益的过程中，一个人的管理能力起到主要作用，而个人的素质也是首要条件。在很多情况下，个人利益可以等同于社会利益，但在一些特殊的情况下，不能将二者等同起来。个人利益要服务于社会利益时，或者说需要管理者能够自觉地以社会利益去约束自己的个人利益时，管理者的素质高低将起到关键作用。加强管理者素质教育与培养，不是完全忽视个人利益，而是使管理者了解人们的利益驱动来进行管理，实现个人利益和社会利益的统一。

2. 管理与经济效益

经济效益是指经济活动中劳动占用、劳动耗费与劳动成果之间的对比关系。经济效益的高低与管理有很大关系。企业中管理规范，就会在生产同等成果的条件下，减少生产中的劳动占用和劳动耗费；或在劳动占用和劳动耗费相同的条件下，多生产一些劳动成果。

经济效益的高低能够反映出管理水平的优劣。企业的经济效益是衡量企业管理水平的重要尺度。根据实际的市场需求，使用先进的技术，降低生产成本，不断完善企业管理和提高管理水平的企业，一般都会产生好的经济效益。

（二）经济规律指导下的管理活动

管理和经济在现实中是不可分割的，不讲经济的管理与不讲管理的经济都是令人难以置信的。在我国早期历史上，经济是经邦济世、经国济民的意思，是讲如何理财和如何管理的社会活动，而在西方语言学中，"经济"一词的出现则是从古希腊"家庭管理"这个词演变而来的，在当时就是管理的意思。

1. 经济活动中的管理活动

任何一种经济活动都需要有人去管理，没有管理的经济活动是不存在的。从某种意义上说，企业经营的状况和变化，都是经济规律制约下一定管理行为的结果。有什么样的管理，就会有什么样的经济状况。一定的经济状况，又反映了管理活动的相应水平，这是经济规律制约下管理活动的普遍规律。在社会主义市场经济条件下，微观经济意义上的厂商管理和家庭管理都是在追求利润或效用最大化，企业要按照自主经营、自负盈亏的原则，依靠市场导向进行管理，这种管理水平则直接影响经济实体的经济效益、竞争力和兴衰存亡。宏观经济意义上的管理是指在自觉掌握和运用社会发展、经济发展客观规律的前提下对整个社会以及国民经济的性质、任务、特点、条件等进行估量分析以及科学的预测，制定社会和国民经济的发展方针、计划、目标、政策和制度，确定其发展的根本原则和方法。宏观管理一般包括广义的社会管理、经济管理、信息与发展的管理以及对其各自领域的管理，对中观管理和微观管理起引导、指导和向导的作用。如果没有科学的宏观管理，整个经济环境不好，企业的经济活动也无法正常实施。宏观经济意义上的管理最主要体现在国民经济管理上，国民经济管理是广泛运用社会科学、自然科学、技术科学等多学科知识，研究宏观经济运行规律及其管理机制。它主要研究对国民经济进行科学的决策、规划、调控、监督和组织，以保证整个国民经济的有效运行，主要包括消费需求管理、投资需求管理、经济增长调控、产业结构转换与产业组织优化、区域经济管理、涉外经济管理、收入分配调控与社会保障等。

由此可见，在人类历史的长河中，管理活动和经济活动历来就像一对无法分离的亲兄弟，更明白地说，任何一种管理活动都是经济活动中的管理活动。

2. 管理活动中的经济规律

在现实经济生活中，任何管理活动都必须遵循客观的社会规律、经济规律和社会心理规律等，其中经济管理活动必须在经济规律的指导下进行。经济规律是指在商品生产、服务和消费等过程中各种复杂的经济联系和现象的规律性。经济规律是经济现象和经济过程内在的、本质的、必然的联系和关系。比如供求规律，就是指市场上的商品价格由商品供求状况来决定的规律，供求双方或其中任何一方的变动，都会引起商品价格的变动，这个规律是客观存在的。企业管理者在投资、生产、销售、定价等过程中，就必须掌握和应用经济规律，不能违背，因为经济规律是客观存在的，是不以人们的意志为转移的。尊重经济规律，是每一个管理工作者应有的科学态度，人们可以认识和利用经济规律，但不能无视经济规律，凡是不按照经济规律办事的做法，不管当时的动机如何，最终都不可避免地要受到经济规律的惩罚。国内外的很多企业，都曾因此而栽过跟头，付出过惨痛的代价。

（三）利润最大化目标下的管理活动

1. 利润最大化目标下的企业管理活动

企业是经济研究的对象，也是管理研究的对象，企业是营利性的经济组织，实现利润最大化是每一个企业最重要的经营目标。利润最大化表现为成本既定情况下的产量最大，或产量既定情况下的成本最小。企业追求利润最大化是在管理科学、规范的条件下实现的，企业管理规范、科学，才能获得较高的利润，才能为消费者提供更多更好的商品，才能有能力研制新的产品，才能向国家提供更多的税金，才能使员工得到更多的收入，企业才有可能获得更好的发展，它是企业生存和发展的必要条件。因此，在环境、技术、设备、资金、主业情况基本相同的情况下，管理的科学化将在实现利润最大化的过程中发挥重要作用。企业的科学管理需要做到以下三点。

一是拓宽市场，提高产品的竞争力，根据市场需求组织生产，以获得最大的经济效益。

二是加强经济核算，降低产品的生产成本。利润是产品收益和产品的生产成本之间的差额，产品的生产成本越低，获得的利润越高。

三是发展生产，扩大生产规模。产品的生产成本会受到生产规模的影响，扩大生产规模能够降低生产成本，提高利润。

2. 效用最大化目标下的个人管理活动

消费者每天都涉及管理问题，如一天中时间的管理与分配，手中的钱如何管理才能够升值，消费者每天都要就如何配置稀缺的钱和时间做出无数个选择。当消费者平衡各种各样的需求与欲望时，就是在做出决定自己生活方式的各种选择、决策。消费者是在效用最大化的条件下来做出管理决策的，效用最大化是经济学研究的主要问题，也就是说个人是在效用最大化目标下从事个人理财、时间管理等活动的。

（四）不同体制下的管理活动

资源配置和资源利用的运行机制就是经济制度。从历史的角度看，解决资源配置与资源利用的经济制度经历了自然经济制度、计划经济制度、市场经济制度和混合经济制度。任何一种社会经济制度都面临着如何把它既定的相对稀缺的生产资源有效率地分配使用于各种途径的问题，即"生产什么""如何生产"和"为谁生产"的问题。如何配置和利用资源，在不同的经济制度下，有不同的管理方式。从人类发展的历史来看，主要有分散型管理、团队型管理和混合型管理三种。

纵观经济发展史可以看出，个人是经济活动的最初决策者，这些个人对自己物品的管理以及个人所从事的活动，都可以称为分散型管理。分散型管理的优点是管理主体能够对自己的劳动资源进行很好的控制；独立的决策权能够保障决策主体的动力。但分散型管理也有一定的缺点，由于个人能力的限制，决策失误的概率较大；分散型管理势必会加大交易费用，使决策成本增加。

团队型管理是对资源进行配置的另一种极端方式，即"生产什么""如何生产"和"为谁生产"的问题全部由团队讨论决定。与分散型管理相比，团队型管理能够汇集大量的信息，使决策信息更加全面和准确，这是分散型管理不具备的；团队型管理能够集中多个人的智慧，避免个人的主观片面性。但团队型管理的时效差，反复磋商讨论会延误决策时机；团队型管理的人员多，管理成本必然高；团队型管理往往会导致无人负责或推卸责任的情况发生。

在现实生活中，经常见到的是分散型管理与团队型管理相结合的混合型管理。在企业生产经营中，决策权、人权、财权、最终决定权往往要采取团队型管理，而一些执行权、业务权等往往采取分散型管理。

第二节 经济管理的性质与内容

一、经济管理的性质

从微观经济层次的角度，对一系列社会现象进行深入的分析，促进政策的运行，对市场中存在的"市场失灵"等问题进行分析，制定相关的经济政策，实现收入的公平分配。还可以通过制定相关的货币政策、财政政策、收入政策等，进一步保障经济的平稳运行，政府通过对货币以及汇率制度进行标准化的管理，确保国际收支平衡。

在微观经济学中，通过对个体经济单位经济行为的研究来体现西方经济市场机制的运行与作用，在这个过程中，发现这种经济运行的不足，改善相关问题。其主要的组成部分为市场结构理论、生产要素收入分配理论、消费者行为理论、生产成本理论等。这些经济理论共同构成了公共部门经济学的主要研究工具。公共部门的经济学的理论发展，也应该感谢微观经济学的发展。

经济管理是指经济管理者与管理机构为了实现特定的目标，对社会经济活动进行分析、决策、计划、控制、监督的过程的综合。经济管理作为人们进行共同劳动的一种客观要求，也是一个复杂且庞大的过程，更是一个有机的整体。

经济管理具有双重属性，既包含自然属性也包含社会属性。管理的双重性是由生产的双重性所决定的，经济管理的自然属性是经济活动中的共性，经济管理的社会属性是经济管理的个性，这就相当于同样的管理过程中的两个方面，掌握经济管理过程中的这一特点，有利于管理者对经济管理过程中客观规律的掌握，更有利于理解经济活动，正确借鉴资本与经济管理的经验的借鉴。

二、经济管理的内容

经济管理的内容为企业的决策与管理提供依据，其主要内容包括以下六方面。

（一）人力管理

人力资源管理是经济管理中的重要组成部分，一定要加强人力资源的开发与管理。企业一定要做好员工的培训工作，提高员工的基本素质，不断挖掘企业劳动者的潜力，调动员工的积极性。相关部门建立健全人力资源开发机制，为企业人力资源管理提供相关借鉴，教育部门要做好教育工作，为企业输送更多优质的人才，促进企业发展。

（二）财力管理

财力集聚的对象，就是国内社会总产品的价值和国外资金市场中的游资。财力集聚的主要渠道有财政集资、金融机构集资和利用外资。在我国目前的市场经济发展中，除了搞好财政集资外，尤其应重视金融机构集资和利用外资。财政集资的主要特点是强制性和无偿性，金融机构集资的主要特点是有偿性和周转性。财力管理应坚持的原则：统筹兼顾，全面安排；集中资金，保证重点；量力而行，留有余地；维持财力平衡。

（三）物力管理

物力管理包括两方面的内容：一是自然资源的保护与利用，二是物力的开发、供应与使用。

要更好地实现物力管理，就需要遵循经济规律与自然规律。主张节约，不能浪费。结合经济发展的要求与人们的需求，开发、使用、保护好物力资源，以合理的方式使用物力，促进企业的正常运行，促进经济与社会事业的不断发展。

在设计自然资源的开发与利用的过程中，要根据可持续发展的相关要求，对自然资源进行合理的开发与利用，不能随意开发，要适度开发、合理利用，以提高资源的使用效率，保护自然环境。

（四）科学技术管理

科学是人类实践经验的概括和总结，是关于自然、社会和思维发展的知识体系。技术是人类利用科学知识改造自然的物质手段和精神手段的总和，它一般表现为各种不同的生产手段、工艺方法和操作技能，以及体现这些方法和技能的其他物质设施。

制订科学技术发展规划，合理使用科学技术，努力创新科学技术，积极推广应用科研成果。注重技术改造与先进技术的引进，提升自身的创新能力，加强创新型科技人才队伍的建设，为经济管理服务。

（五）时间资源管理

时间是一切运动着的物质的一种存在形式。时间资源具有不可逆性，具有供给的刚性和不可替代性，具有均等性和不平衡性，具有无限性和瞬间性。

时间资源的管理是指在同样的时间内，为了提升时间的利用率与有效性而进行的一系列的调控工作。时间资源管理的内容，简单来说，就是指对生产时间的管理与流通时间的管理。

有效的时间资源管理，就需要做出明确的经济活动的目标与规划，对时间的使用有明确的规划，严格把控时间。对整体的工作程序进行深化与优化，提升工作效率。此外，还要保障有足够的时间用来休息与娱乐。

（六）经济信息管理

经济信息是指反映经济活动特征及其发展变化情况的各种消息、情报、资料的统称。经济信息的特征：社会性、有效性、连续性和流动性。

经济信息的分类标准多样，不同的划分标准会出现不同的分类情况。按照经济信息的获取方式不同，可以分为常规性信息与偶然性信息。按照经济信息来源不同，可以分为原始信息与加工信息。按照经济信息所反映的内容不同，可以分为外部信息与内部信息。

经济信息管理的要求应该建立在及时、准确、适用的基础上。经济信息管理的基本过程分为收集、加工、及时传递、分类储存。

三、经济管理的方法

组织的经济管理方法与行政方法都各自具有自身的特点。组织具有综合效应，这种综合效应是组织成员共同作用的结果。组织管理就是通过建立组织结构，明确权责关系，规定相关职务，使组织成员各司其职，彼此之间相互配合，共同为了一个目标而努力的过程。

（一）经济方法

经济方法是指依靠经济组织，运用经济手段，按照客观经济规律的要求来组织和管理经济活动的一种方法。正确理解经济方法的含义需要把握以下要点：经济方法的前提是按客观经济规律办事；经济方法的实质和核心是贯彻物质利益原则；经济方法的基础是搞好经济核算；经济方法的具体运用主要依靠各种经济杠杆；运用经济方法，主要依靠经济组织。经济方法的特点是利益性、平等性、有偿性、间接性，作用范围广，有效性强。

经济方法的科学运用，在一定程度上可以体现经济杠杆的科学作用。有效地利用经济杠杆，可以加强对经济活动的管理，但是一定要认识到各种不同的经济杠杆的作用领域与具体的调节目标。经济杠杆的调节作用可以体现在社会经济生活中的各个方面，实现多种调节目标。例如，信贷杠杆是在资金分配的过程中发挥作用，可以促进社会总需求与总供给之间的平衡，还可以促进企业的发展，减少资金的占用，促进资金的合理运转，提高企业的经济利益。

（二）法律方法

经济管理的法律方法，是指依靠国家政权的力量，通过经济立法和经济司法的形式来管理经济活动的一种手段。法律方法的特点：权威性、强制性、规范性、稳定性。

法律方法是国家管理和领导经济活动的重要工具，在经济管理中之所以要使用法律方法，从根本上说，是为了保证整个社会经济活动的内在统一，保证各种社会经济活动朝着同一方向、在统一的范围内进行落实依法治国基本方略。具体来讲，就是保障国家的经济建设的大政方针，保护以公有制为主体的多种经济成分的合法权益，保障科技成果的有效应用，加强国与国之间的经济合作，保证顺利完成经济体制改革。

（三）行政方法

经济管理的行政方法，是指依靠行政组织，运用行政手段，按照行政方式来管理经济活动的一种方法。行政方法的特点：强制性、直接性、无偿性、单一性、时效性。

行政方法使用之前，一般会进行深入的调查研究。注重从实际出发，尊重客观事实。行政方法一般建立在客观经济规律之上，对于各级组织与领导人的权力范围有严格且明确的划分，可以正确处理各级组织的关系。裁撤冗余的机构组织，建立健全行政工作责任制，提高办事效率。尊重人民群众的利益，发扬民主，积极联系群众。

合理的经济管理组织是管理者履行各种管理职能，顺利开展各项管理活动的前提条件。建立合理的经济管理组织应坚持以下基本原则：坚持有效性原则，即管理组织结构的建立，包括它的结构形式、机构设置和人员配备等，都必须讲效果讲效率；坚持权利与责任相对称的原则，即各级经济管理机构和管理人员，根据所管辖范围和工作任务，在管理经济活动方面，都应拥有一定的职权，与此相对应，还要承担相应的责任；坚持管理层级及幅度适当的原则。一般来说，管理层级与管理幅度成反比例关系，即幅度宽对应层较少，幅度窄则对应层较多；坚持统一领导、分级管理的原则；坚持稳定性和适应性相结合的原则；坚持执行与监督的分设原则。

四、经济管理的效益与评价

（一）经济管理的重要性

企业的经营活动都是为了获得经济效益而进行的，经济管理是企业管理制度中的重要一环，采取有效对策对企业经济运行进行管理，能够促进企业的健康发展。

（二）将经济管理作为企业经营管理的中心

1. 加强资金管理

资金管理作为企业经济管理中的核心所在，也是衡量企业经营标准的重要参考因素。加强资金管理，提升资金的使用效率，优化资金的配置是提升企业经济管理的重要方式之一，这也是企业立足的关键所在。

2. 坚持资金运转管理的思想

企业经济管理的最终目标就是保障资金的使用科学化与合理化，提高企业的经营效率。经济管理作为企业管理的关键，不只是相关的管理部门坚持这种思想，而是企业的所有员工都应秉持资金管理的思想。

3. 定期开展经济预算

企业在日常的经营管理中，根据企业实际的资金情况，对企业的经济活动以及盈利规划做出合理的设计方案，计算出有效的经济预算，为企业在以后的经营决策中提供依据。

4. 强化收支管理机制

企业只能设置一个账户，不能建立多个账户，将资源打散，用来掩藏资金。也就是说，企业所有的开支与收入应该用一个账户，禁止相关部门或者个人对资金进行不合理的使用，企业资金的开支应该由专门的负责人进行管理，其他人没有权力进行支配。

5. 做好成本控制

成本控制是经济管理的重要组成部分，做好成本控制就是协调各部门之间的费用分配，将最具有竞争力的产品指标进行有效的拆分，并在相关部门中严格贯彻。采用最先进的技术管理方式，做好成本控制，节约资金，加强企业的竞争力。

6. 策划经济方案

在进行经济管理的过程中，相关工作人员要根据企业的真实情况，做好经济方案，有阶段性的经济方案：也要有全年的经济方案，做好经济预算，及时解决经济活动的困难，便于经济管理。

7. 研究经济管理的结果

深入研究经济管理的结果，对于经济管理具有重要的意义。可以找出经济管理中的不足，吸取相关的经验，不断完善经济管理活动，可以使企业有效地掌握资金，做好预算，促进企业的发展。

（三）增强经济管理的力度

经济管理与企业的日常经营活动相结合，增强经济管理的力度。在企业的日常经营管理活动中，经济管理的作用可以说在各个环节中都有所体现，以保障企业的正常运行，减缓资金供应的压力。

1. 影响企业资金周转不畅的因素

影响企业资金周转不畅的因素主要包括：相关工作人员的经济管理的意识淡薄，客户欠款与拖款现象严重，所支持的资金的账目一直处于较高的水平。

企业要根据自身的实际情况，建立专项的管理团队，定期开展收回欠款的活动，还需要各个部门之间的相互配合，做好企业的成本预算，降低企业成本，提高企业的经济效益。

2. 增强经济管理的途径

（1）做好经济规划

良好的经济规划对于企业的发展方向具有重要的指导意义，经济规划做得好，就会提升企业的经济效益，增强企业的经济管理。因此，想要做好经济规划就需要从以下四方面着手。

①掌握企业具体情况，对资金的流通规律有基本的认识。

②应该进行充分的科学调研，依法经营。

③厘清投资过程，科学民主地进行经济管理。

④建立风险预警机制。

（2）体现经济监督

企业想要维持正常的运转，就需要建立健全经济监督机制，成立管理领导小组，加强经济管理监督工作，反对不良经济行为。经济管理人员一定要具备高度的责任感，对不良的经济行为坚决抵制，发现问题，及时与有关人员沟通，坚守自己的职业道德，保障职工的合法权益。

（3）科学分配企业盈利

盈利的分配直接关系到员工的切身利益。科学地分配企业的盈利，可以调动员工的工作热情，还可以促进企业的整体发展。目前来讲，大部分企业的分配原则都是采用平均分配，这在一定程度上挫伤了企业员工的生产积极性，也使得企业的运行陷入一种不良循环。

根据经济管理的内容，企业的领导可以采用多种形式来改善盈利的分配，体现杠杆的调节作用，使企业的运行达到一种相对平衡的状态，提升员工的积极性，让企业朝着更好的方向运行。

想要全面提升企业经济管理的引导效果，就需要建立一个科学、全面、有效、可行的经济管理体系，不只是依靠某一个部门或者是某一部分人员，而应该是企业的全体部门与全体职工，一起努力致力于做好管理决策，提升员工素质，利用最为先进的技术，做好成本控制、资金规划，提升经济管理的效率。除此之外，还要加强企业员工的相关培训，不断提高企业的管理水平，提升企业的经济效益，为企业的发展做出贡献。

第二章 经济管理的宏观视角

第一节 国民收入决定论

一、经济增长和经济发展理论

经济增长和经济发展理论包括经济增长理论、经济周期与经济波动、经济发展理论三个方面的内容。

(一)经济增长理论

1. 经济增长与经济发展

经济增长与经济发展既有区别又有联系,下面分别介绍这两个概念及内容。

(1)经济增长的含义与衡量

经济增长是指一个国家或地区在一定时期内的总产出与前期相比所实现的增长。通常用国内生产总值(GDP)或人均国内生产总值来衡量(人均GDP)。

对于经济增长的速度而言,可以使用经济增长率(G)进行度量。假定本年度经济总量的增量为ΔY_t,上年所实现的经济总量为Y_{t-1},则经济增长率的计算公式为:

$$G = \frac{\Delta Y_t}{Y_{t-1}} \tag{2-1}$$

需要注意的是,在计算GDP时,应根据不同情况分为用现行价格计算的GDP和用不变价格计算的GDP。用现行价格计算的GDP,可以反映一个国家或地区的经济发展规模;用不变价格计算的GDP可以用来计算经济增长的速度。

经济增长率并不能全面反映一个国家或地区的经济发展的实际状况,它只是体现了一个国家或地区在一定时期内经济总量的增长速度,是一个国家或地区总体经济实力增长速度的标志,并不能体现伴随经济增长带来的生态与环境变化的影响,但生态、环境等因素与经济发展关系密切。

(2)经济发展

经济发展比经济增长的含义更广,也就是说,经济发展既包括经济增长,也包括伴随经济增长过程而出现的技术进步、结构优化、制度变迁、福利改善以及人与自然之间关系的进一步和谐等诸多方面的内容。

就经济发展与经济增长的联系而言，主要体现在以下两个方面：一方面，经济增长是经济发展的基础，没有一定的经济增长，就不会有经济发展；另一方面，经济增长不能简单地等同于经济发展，如果不重视质量和效益，不重视经济、政治和文化的协调发展，不重视人与自然的和谐，就会出现增长失调，从而最终制约经济发展。

2. 经济增长的决定因素

决定经济增长的因素有很多，其中，决定经济增长的基本因素主要包括劳动的投入数量、资本的投入数量、劳动生产率以及资本的效率。

（1）劳动的投入数量

一个国家或地区的劳动投入的数量多少取决于人口规模和人口结构，以及劳动者投入的劳动时间的多少。

就劳动的投入数量和经济增长速度的关系而言，假设在其他因素既定的条件下，一个社会投入生产的劳动数量越多，生产的产品就可能越多，经济增长速度就越快。

（2）资本的投入数量

资本的投入数量受多种因素制约，其中，资本的利用率或生产能力利用率是制约资本投入数量最重要的因素。所谓资本的利用率或生产能力利用率，是指机器、设备、厂房等固定资产的利用率。在生产能力一定时，生产能力利用率越高，资本的投入量就越多。

就资本的投入数量和经济增长速度的关系而言，在其他因素不变的条件下，资本的投入数量越多，经济增长速度就越快。

（3）劳动生产率

劳动生产率即劳动的生产效率，劳动生产率的提高，表明劳动者在单位时间内的效率得到提高。在同样的劳动投入下，劳动生产率高自然可以使经济得以增长。

（4）资本的效率

资本的效率即投资效益，是指单位资本投入数量所能产生的国内生产总值，可用国内生产总值与资本总额的比率表示，或用生产单位国内生产总值需要投入的资本数量表示。在其他因素不变的条件下，资本的效率提高就会带来经济增长。

3. 经济增长的因素分解

通过生产函数建立的经济增长分解公式，可以了解劳动、资本的投入以及要素的生产效率在经济增长中所发挥的作用。

（1）两因素分解法

两因素分解法即假定其他因素不变，把经济增长看作某一项生产要素，认为经济增长是劳动或资本与其生产率作用的结果，即把经济增长率按劳动和劳动生产率两项因素进行分解。若经济增长率用 GQ 表示，工作小时数的增加率用 GH 表示，每小时产出的增加率用 GP 表示，则两因素分解法的计算公式为：

$$GQ = GH + GP \tag{2-2}$$

（2）三因素分解法

三因素分解法是运用生产函数，把经济增长按照劳动投入、资本投入和全要素生产率三个因素进行分解，并计算这三个因素对经济增长贡献份额的方法。

若 t 时期的总产出（GDP）用 Y_t 表示，t 时期的技术进步程度用 A_t 表示，t 时期的劳动投入量用 L_t 表示，t 时期的资本投入量用 K_t 表示，则生产函数的计算公式为：

$$Y_t = A_t F(L_t, \ K_t) \tag{2-3}$$

若进一步用 $\Delta Y/Y$ 表示 t 时期的经济增长率，用 $\Delta A/A$ 表示 t 时期的技术进步增长率，用 $\Delta L/L$ 表示 t 时期的劳动增长率，用 $\Delta K/K$ 表示 t 时期的资本增长率，用 α 表示 t 时期的劳动产出弹性，用 β 表示 t 时期的资本产出弹性，α 与 β 的取值范围都是大于 0 小于 1，且 $\alpha + \beta = 1$，那么此时经济增长率的分解公式为：

$$\frac{\Delta Y}{Y} = \frac{\Delta A}{A} + \frac{\alpha \Delta L}{L} + \frac{\beta \Delta K}{K} \tag{2-4}$$

如果 $GY = \Delta Y/Y$，$GA = \Delta A/A$，$GL = \Delta L/L$，$GK = \Delta K/K$，则上述公式可简化为：

$$GY = GA + \alpha GL + \beta GK \tag{2-5}$$

即经济增长率＝技术进步率＋（劳动份额×劳动增加率）＋（资本份额×资本增长率）

全要素生产率（TFP）是指技术进步对经济增长的贡献率，或技术进步程度在经济增长率中所占的份额或比重。全要素生产率的计算公式只需在三因素分解法的计算公式上进行移项即可得到，即：

$$GA = GY - \alpha GL - \beta GK \tag{2-6}$$

因此，GA 就是全要素生产率，也称索罗余值，即技术进步率。

（二）经济周期与经济波动

1. 经济周期与经济波动的含义和类型

从动态来看，一个国家或地区的经济活动总是处于波动之中的，这一现象就会涉及经济周期和经济波动相关的知识。

（1）经济周期与经济波动的含义

经济周期与经济波动相似但不同，存在经济周期就肯定存在经济波动，但存在经济波动却不一定存在经济周期。

经济周期又称商业循环，是指总体经济活动沿着经济增长的总体趋势而出现的有规律的扩张和紧缩。经济周期是指总体经济活动，而不是个别部门或个别的经济总量指标。即使最重要的经济总量指标 GDP 的单独波动也不能反映经济周期。一般认为，经济周期需要通过一组经济总量指标，包括 GDP、就业和金融市场等指标，才能够说明经济周期。

在一个较长的历史时期内，如 5 年或 10 年内，一个国家或地区的经济活动很难一直保持同样的经济增长速度。即使在一个较短的时期内，经济活动也可能存在变化，这就是经济波动。如果经济波动存在一定的规律性，就说明经济波动存在一定的周期性，此时经济波动就是经济周期。

（2）经济周期的类型

根据不同的划分标准，可以将经济周期划分为不同的类型。

按周期波动的时间长短，经济周期可以分为长周期、中周期和短周期。长周期也被称为长波循环或康德拉耶夫周期，周期长度平均为 50~60 年；中周期也被称为大循环或朱格拉周期，周期长度平均为 8 年左右；短周期也被称为小循环或基钦周期，平均为 3~5 年。现实生活中，对经济运行影响较大且较为明显的是中周期，国内外经济文献中提到的经济周期或商业循环大都是指中周期。

按经济总量绝对下降或相对下降的不同情况，经济周期可以分为古典型周期和增长型周期。古典型周期的特征表现：处在低谷时的经济增长率为负值，即经济总量 GDP 绝对减少。增长型周期特征的表现为：处在低谷时的经济增长率为正值，即经济总量 GDP 只是相对减少而非绝对减少。

2. 经济周期各阶段的划分和特征

经济周期可以划分为两个阶段，即扩张阶段和紧缩阶段。整个周期就是这两个阶段相互交替变动的结果。

（1）扩张阶段。扩张阶段包括复苏阶段和繁荣阶段，复苏是扩张阶段的初期，繁荣是扩张阶段的后期。扩张阶段的最高点叫作峰顶（也叫转折点或拐点）。在经济周期中的复苏阶段和繁荣阶段，可能出现的一般特征是：伴随着经济增长速度的持续提高，投资持续增长，产量不断扩大，市场需求旺盛，就业机会增多，企业利润、居民收入和消费水平都有不同程度的提高，但也常常伴随着通货膨胀。

（2）紧缩阶段。紧缩阶段又叫收缩阶段或衰退阶段，衰退如果特别严重，则可称为萧条。紧缩阶段的最低点叫作谷底（也叫转折点或拐点）。紧缩阶段的特征是：在经济的衰退或萧条时期，伴随着经济增长速度的持续下滑，投资活动萎缩，生产发展缓慢，甚至出现停滞或下降，产品滞销，就业机会减少，失业率提高，企业利润水平下降，亏损、破产企业数量增多，居民收入和消费水平呈不同程度的下降趋势。

（三）经济发展理论

经济发展主要是指发展中国家或地区人民生活水平的持续提高。

1. 经济发展的变化

经济发展不仅包括经济增长，还包括经济结构和社会结构的变化，具体体现在以下四个方面。

（1）产业结构不断优化。在国民经济中，第一产业的劳动力和产值比重趋于下降，第二产业比重趋于上升并逐步稳定，第三产业比重逐渐提高。就我国而言，第三产业结构正在稳步提升，但同发达国家相比，我国的第三产业比重依然偏低，第二产业比重明显偏高，这反映出我国正处于工业化的中期阶段。

（2）城市化进程逐步推进。大量的农村人口向城市转移，逐步实现城市化。越来越多的人口居住在城市，农村人口逐渐减少，但我国城镇的人口占总人口的比重和发达国家相比也还有较大差距。

（3）广大居民生活水平持续提高。居民的营养状况、居住条件、医疗卫生条件、接受教育程度明显改善，人均预期寿命延长，婴儿死亡率下降，贫困人口趋于减少。

（4）国民收入分配状况逐步改善。居民之间收入和财产分配的不平等程度趋于下降，绝对贫困现象基本消除。

2. 经济发展的核心与主要内容

经济发展的核心是人民生活水平的持续提高，以人为本是经济发展的基本内核。所谓"以人为本"，主要包括以下两个方面：一是发展的目标是为了广大人民群众，而不是为了经济总量的增长，也不是为少数人口的利益；二是促进人的全面发展，即人的潜能的全面发挥，人的需要的全面满足。

可持续发展是经济发展的重要内容，其核心思想是指既要使当代人的各种需要得到充分满足，个人得到充分发展，又要保护资源和生态环境，不对后代人的生存和发展构成威胁。换言之，可持续发展的思想就是要正确处理经济增长和资源、环境、生态保护之间的关系，使它们之间保持协调和谐的关系。

3. 经济发展的方式

经济发展的方式是实现经济发展的方法、手段和模式，其中，不仅包含经济增长的方式，还包括经济结构、运行质量、经济效益、收入分配、环境保护、城市化程度、工业化水平以及现代化进程等方面的内容。

（1）转变经济发展方式的含义

转变经济发展方式是指按照科学发展观的要求，调整经济发展各因素的配置方式和利用方法，把经济发展方式转变到科学发展的轨道上。加快转变经济发展方式，就是要使经济发展更多依靠内需特别是消费需求拉动，更多依靠现代服务业和战略性新兴产业带动，更多依靠科技进步、劳动者素质提高、管理创新驱动，更多依靠节约资源和循环经济推动，更多依靠城乡区域发展协调互动，不断增强长期发展后劲。

（2）转变经济发展方式的内容

转变经济发展方式的具体内容主要是要促进"三个转变"。

①促进经济增长由主要依靠投资、出口拉动向依靠消费、投资、出口协调拉动转变。近年来，国内消费需求增长缓慢，居民消费率持续下降，导致生产增长快，消费增长慢，生产与消费增长很不平衡。因此，应更加重视消费对经济增长的拉动作用，实现消费、投资、出口协调拉动经济增长。

②促进经济增长由主要依靠第二产业带动向依靠第一、第二、第三产业协同带动转变。三个产业之间具有客观的必然联系，始终具有三者是否协调发展的问题。要重视和巩固农业在国民经济中的基础地位，加快发展第三产业。

③促进经济增长由主要依靠增加物质资源消耗和能源消耗向主要依靠科技进步、劳动者素质提高、管理创新转变。

二、价格总水平和就业与失业

价格总水平和就业与失业包括价格总水平及其变动、就业与失业、失业与经济增长及价格总水平的相互关系三个方面的内容。

（一）价格总水平及其变动

1. 价格总水平的含义和度量方法

（1）价格总水平的含义

价格总水平不是指一个或几个消费者或企业体现出的价格，而是整个市场的价格汇总体现的水平，它是非常重要的经济指标，对宏观经济调控有很好的支持作用。

价格总水平又称一般价格水平，是指一个国家或地区在一定时期（如月、季、年）内全社会各类商品和服务价格变动状态的平均或综合。国家可以利用经济、法律和行政手段，对价格总水平的变动进行干预和约束，以保证价格总水平调控目标的实现。

（2）价格总水平的度量——价格指数

在发达的国家或地区，度量价格总水平的方法普遍有两种：一种是通过编制各种价格指数，如消费者价格指数、批发价格指数等进行度量；另一种是通过计算国内生产总值缩减指数进行度量。总的来说，价格总水平一般都是用价格指数来进行度量的。

价格指数是一种用来反映报告期与基期相比商品价格水平的变化趋势和变化程度的相对数。其中，反映价格总水平变动的叫作价格总指数，也可以称为价格指数。

价格指数有许多种类，常见的是消费者价格指数（CPI），它是度量价格总水平的主要指标。目前，我国采用的是居民消费价格指数，将其作为衡量价格总水平变动的基本指标。

2. 价格总水平变动的决定因素

决定价格总水平的变动因素主要有两大类：一类是货币供给量、货币流通速度和总产出；另一类是总需求和总供给。

（1）货币供给量、货币流通速度和总产出

美国经济学家费雪创立了费雪方程式，利用它可以推导出货币供给量、货币流通速度和总产出对价格总水平变动的影响。

费雪方程式的计算公式为：

$$P = \frac{MV}{T} \tag{2-7}$$

将公式适当变形可得

式中：M——定时期内货币的供给数量。

　　　V——货币流通速度。

　　　P——价格总水平。

　　　T——各类商品的交易数量。

其中，M 是一个由模型之外的因素决定的，V 在一定时期相对稳定，T 的增长也相对稳定，因此，可以得出结论：价格的变动主要取决于 M 的变动。

对上述公式运用微分方法进行推导，可以得出价格总水平的决定方程，计算公式为：

$$\pi = m + v - y \tag{2-8}$$

式中：π——价格总水平变动率或通货膨胀率；

　　　m——货币供给量的变动率。

　　　v——货币流通速度的变动率。

　　　y——GDP 的变动率。

根据价格总水平的决定方程，可以得出结论：价格总水平的变动与货币供给量、货币流通速度的变化呈正方向变动，与总产出的变化呈反方向变动。

（2）总需求和总供给

价格总水平决定于总需求和总供给的比例关系，它是由总需求和总供给共同决定的。具体来说，如果总需求增长快于总供给的增长，价格总水平就有可能上升；反之，如果总需求增长慢于总供给的增长，价格总水平就有可能下降。反过来看，价格总水平也会影响总需求和总供给。

3. 价格总水平变动的经济效应

价格总水平变动的经济效应，主要是指它与工资、利率、汇率等货币形式的经济变量之间互相作用的关系。

（1）价格总水平变动对工资的影响

在价格总水平变动的情况下，工资可分为名义工资和实际工资。名义工资是指以当时的货币形式表现的工资；实际工资是指扣除了价格变动影响因素的工资。

价格总水平与工资的变动关系为：实际工资的变动与名义工资的变动呈正方向，与价格总水平变动呈反方向。

既然工资会变动，那么在价格总水平变动时，就可以利用它们的关系求得实际工资的变动率，也能印证价格总水平变动和工资的关系。其计算公式为：

$$实际工资变动率 = \frac{名义工资变动率}{价格总水平变动率} \tag{2-9}$$

另外，须注意的是，由于价格总水平变动会导致劳动者实际工资与居民实际收入水平发生变动，从而影响企业与劳动者、居民与政府之间的收入再分配。一般来讲，一定程度的通货膨胀会有利于企业和政府，而一定程度的通货紧缩则有利于劳动者和居民。

（2）价格总水平变动对利率的影响

在价格总水平变动的情况下，利率可分为名义利率和实际利率。名义利率也叫市场利率，是指银行当时规定和发布的利率。实际利率是指扣除了价格总水平变动影响因素的利率，即在货币购买力不变时的利率。

若 r 为名义利率，i 为实际利率，π 为价格总水平变动率，则计算公式为：

$$i = r - \pi \tag{2-10}$$

上式表明，实际利率取决于名义利率与价格总水平变动率之差。在名义利率不变时，实际利率与价格总水平变化呈反方向变动，即价格总水平上升，实际利率就趋于下降，或价格总水平下降，则实际利率趋于上升。在价格总水平不变时，名义利率与实际利率相等。当名义利率低于价格总水平上涨率时，实际利率为负；当名义利率高于价格总水平上涨率时，或当名义利率不变而价格总水平下降时，实际利率为正。

（3）价格总水平变动对汇率的影响

价格总水平的变动会在一定条件下影响汇率的变动，从而影响一个国家的进出口产品价格发生相应变化，最终影响到净出口和总供求关系，具体变动情况如下。

①如果本国价格总水平上涨率高于外国的价格总水平上涨率，本国货币就会贬值，以本币表示的汇率就一定会上升。

②如果本国的价格总水平上涨率低于外国的价格总水平上涨率，本币就会升值，以本币表示的汇率就会下降。

③当外国价格总水平稳定或上升，而本国价格总水平下降时，本币也会升值，以本币表示的汇率就会下降。

（4）价格总水平变动的间接效应

价格总水平变动具有的间接效应主要包括：对企业生产经营决策的影响、对收入分配结构的影响和对经济增长的影响。

一般来说，剧烈的、大幅度的价格总水平变动不利于经济增长。只有在短期内，价格变动没有被市场主体预期到的情况下，才可能对经济增长产生作用，但这种作用也只是暂时的。

通货膨胀在一定程度上可能有利于促进经济增长，通货紧缩在一定程度上可能不利于经济增长。

（二）就业与失业

1. 就业与失业的含义

就业与失业对整个国家或地区的价格总水平有着非常重要的影响，是政府在宏观经济控制上必须关注和解决的问题。

（1）就业的含义

就业是指一定年龄段内的人们所从事的为获取报酬或经营收入所进行的活动。其界定方法如下。

①就业者条件：一定的年龄。

②收入条件：获得一定的劳动报酬或经营收入。

③时间条件：每周工作时间的长度。

（2）失业的含义

一个人愿意并有能力为获取报酬而工作，但尚未找到工作的情况，即是失业。按照国际劳工组织的统计标准，凡是在规定年龄内在一定期间内（如一周或一天）属于下列情况的均属于失业人口：

①没有工作，即在调查期间内没有从事有报酬的劳动或自我雇佣。

②当前可以工作，即当前如果有就业机会，就可以工作。

③正在寻找工作，即在最近的期间采取了具体的寻找工作的步骤，如刊登求职广告、到服务机构登记等。

2. 就业与失业水平的统计

就业与失业水平统计，主要会涉及失业率和就业率等问题，通过这些数据可以更加直观地反映一个国家或地区的就业形势和经济状态。

（1）发达国家的就业率与失业率

发达国家的就业率和失业率是反映一个国家或地区劳动力资源利用状况最重要的指标。它们的计算公式分别为：

$$失业率 = \frac{失业总人数}{民用劳动力总人数} \times 100\% \tag{2-11}$$

$$就业率 = \frac{就业人口}{民用成年人口总数} \times 100\% \tag{2-12}$$

（2）我国就业与失业水平的统计

我国计算和公布就业与失业水平的指标主要是城镇登记失业率。其计算公式为：

城镇登记失业率=城镇登记失业人数/（城镇单位就业人员+城镇单位中的不在岗职工+城镇私营业主+个体户主+城镇私营企业和个体就业人员+城镇登记失业人员）

其中，城镇单位就业人员应扣除使用的农村劳动力、聘用的离退休人员、我国港澳台地区人员及外方人员。

我国目前统计的失业率之所以与西方发达国家统计的失业率有差别，主要是因为我国只计算城镇地区的失业率，没有计算覆盖全国城镇和农村地区的统一的失业率。同时，在计算城镇失业率时，主要是以是否具有城镇户口为标准，因此，还不能准确反映城镇地区的实际失业状况。

（3）自然失业率

从一个较长期的变动趋势来看，在某一个国家或地区总存在一个正常的失业率，即自然失业率，它是指劳动力市场供求处于均衡状态，价格总水平处于稳定状态时的失业率。具体有以下几种定义：经济学家弗里德曼把它定义为经济处于充分就业状态时的失业率；斯蒂格里茨把它定义为通货膨胀率为零时的失业率。现在一般称为非加速通货膨胀失业率，这是由于自然失业率与是否存在通货膨胀有密切关系。

3. 失业的类型

失业可以分为自愿失业和非自愿失业，其中非自愿失业又叫需求不足型失业。

（1）自愿失业

西方古典经济学认为，工资在完全竞争市场条件下可以自由波动，劳动力资源可以全部用于生产，这样就没有失业，如果有失业，就只能是"自愿失业"，即劳动者不愿意接受当前的工资水平而不愿意工作的现象。它又包括摩擦性失业和结构性失业。

①摩擦性失业。无论是新进入劳动市场的劳动者还是已进入劳动市场的劳动者，寻找工作或转换工作都需要花费一定的时间。而摩擦性失业正是劳动者为找到自己希望的工作，而需要一定时间寻找所引起的失业。

②结构性失业。结构性失业是由产业结构调整所造成的失业，如产业的兴起与衰落，都会导致一部分原有的劳动者不具备产业调整要求的新技能而失业。一般来说，新兴产业的迅猛发展会导致劳动者供给短缺，主要产业衰落会导致劳动者失去工作。

（2）非自愿失业

非自愿失业即需求不足型失业，是指由劳动者在现行工资水平下找不到工作的状况或总需求相对不足而减少劳动力派生需求导致的失业。

由于这种失业是与经济周期相联系的，即经济运行处于繁荣期与高涨期，总需求上升，劳动力派生需求量上升，失业率较低；经济运行处于衰退期或萧条期，总需求萎缩，劳动力派生需求量下降，失业率较高。因为这种特征，非自愿失业也叫周期性失业，是宏观经济调控中需要关注的重点。

（三）失业与经济增长及价格总水平的相互关系

1. 奥肯定律分析

奥肯定律也称奥肯法则，由美国经济学家阿瑟·奥肯提出。该定律揭示的是相对于一个经济体在充分就业状态下所能实现的 GDP（潜在 GDP）而言，实际 GDP 每下降 2 个百分点，则失业率会上升 1 个百分点；或失业率每提高 1 个百分点，实际 GDP 会下降 2 个百分点。奥肯定律的计算公式为：

$$\frac{y - y^*}{y^*} = -2(u - u^*) \qquad (2\text{-}13)$$

式中：y——实际 GDP。

y^*——潜在 GDP。

u——实际失业率。

u^*——自然失业率。

奥肯定律会因不同国家或地区，而出现不同情况的经济增长和失业间的数量关系。另外，由于该定律揭示了经济增长和就业之间存在一定的正相关关系，因此它具有重要的政策含义，即政府应当把促进经济增长作为增加就业或降低失业的主要途径。

2. 就业弹性系数分析

就业弹性系数是指一个国家或地区一定时期内的劳动就业增长率与经济增长率的比值。其计算公式为：

$$E_e = \frac{E}{Y} \tag{2-14}$$

式中：E_e——就业弹性系数。

E——劳动就业增长率。

Y——经济增长率。

就我国而言，计算就业弹性系数时涉及的就业人口一般是指城镇就业人员，有时也可以是城乡总就业人员。

需要特别注意的是，就业弹性的变化受产业结构等因素的影响，如果第三产业或服务业在国民经济中所占比例较大，就业弹性就高。

3. 菲利普斯曲线分析

菲利普斯曲线是以英国经济学家菲利普斯的名字命名的一条描述通货膨胀与失业或经济增长之间相互关系的曲线。简单菲利普斯曲线表明，通货膨胀率和失业率二者存在负相关关系。即失业率降低时，通货膨胀率会趋于上升；失业率上升时，通货膨胀率会趋于下降。就政府在宏观经济决策时而言，通货膨胀率和失业率之间是一种替代关系，也就是说，政府可以用高通货膨胀率换取低失业率，或用高失业率换取低通货膨胀率。

工人和企业感兴趣的是实际工资而不是名义工资，因此，工人会把对通货膨胀预期考虑到前期工资谈判中去，因此，简单的菲利普斯曲线不能充分反映通货膨胀率和失业率。也就是说，通货膨胀率和失业率之间的替代关系只在短期内才有可能出现，对于长期而言，二者是不存在替代关系的。

第二节　财政与金融

一、财政与财政收支

(一) 财政的基本职能

财政的基本职能可以归纳为财政资源配置、收入分配、经济稳定和发展三大职能。

1. 财政资源配置职能

财政资源配置职能是指将一部分社会资源集中起来形成财政收入，通过财政支出分配活动，由政府提供公共物品和服务，引导社会资金流向，弥补市场缺陷，最终实现全社会资源配置效率的最优状态。

2. 收入分配职能

收入分配职能是指政府运用财政手段调整国民收入初次分配结果。其目的是实现公平收入分配。

3. 经济稳定和发展职能

经济稳定和发展职能是指通过财政活动对生产、消费、投资和储蓄等发生影响，使经济稳定发展。

(二) 财政支出

财政支出是指政府为履行职能、取得所需商品和服务而进行的资金支付，是政府行为活动的成本。财政支出分类是指根据不同标准把各种不同的财政支出进行的分类。

1. 适用于编制政府预算的统计分类

国际通行的统计分类方法有财政支出功能分类和财政支出经济分类两大类。二者相比，后者可以更细致地反映政府的支出活动，从而能够从微观层面清晰地追踪政府财政支出的去向和具体用途。两种分类的标准如下：

①财政支出功能分类。按政府提供公共物品与服务的产出性质进行分类，反映政府的职能活动，即政府拿钱到底做了什么事。

②财政支出经济分类。按政府生产公共物品的成本投入进行分类，反映政府支出的经济性质和用途，即政府的钱是怎么花的。

2. 根据交易的经济性质进行分类

根据交易的经济性质可将财政支出划分为购买性支出（或消耗性支出）和转移性支出。

①购买性支出。政府为履行职能，从私人部门取得商品和服务产生的费用。其中，用于政府自身消费的称为政府消费性支出，用于投资的称为政府投资性支出。

②转移性支出。政府扮演中介角色，向受益对象拨付财政资金但并不获得商品与服务。

3. 财政支出绩效评价

财政支出绩效是指财政支出目标完成所取得的效果、影响及效率。财政支出绩效评价则是指运用一定的考核方法、量化指标及评价标准，对部门为实现其职能所确定的绩效目标的实现程度，以及为实现这一目标而安排的预算执行结果进行的综合性评价。

财政支出绩效评价的主体是政府及其财政部门，绩效评价的对象是使用财政资金的部门或机构，绩效评价的内容是公共委托——代理事项。

实施部门预算支出绩效考评的主要内容包括制定明确、合理的财政支出绩效目标，建立科学、规范的绩效考评指标体系，部门为完成绩效目标采取的管理措施，对绩效目标的实现程度及效果实施考核与评价，运用考评结果提高预算编制、执行和管理的水平。

（三）财政收入

1. 财政收入以及财政集中度

（1）财政收入的含义与分类

财政收入是指政府为履行职能、实施公共政策和提供公共物品与服务的需要所筹集的所有资金之和。财政收入一般表现为货币收入，它是衡量政府财力的重要指标。

按国际货币基金组织（International Monetary Fund，IMF）的分类标准，政府的财政收入来源主要有税收、社会缴款、赠与收入和其他收入。

①税收。税收是指政府从私人部门获得的强制性资金转移。政府从私人部门征税，对于特定纳税人来说，并不附带价值上的对等回报，这是税收与强制性的社会缴款的区别。

②社会缴款。社会缴款既有强制性又有自愿性，是指社会保障计划收入和雇主提供的退休福利之外的其他社会保险计划收入。强制性社会缴款与税收的不同之处在于，如果规定的事件（如养老和生病）发生，缴纳人和其他受益人有权获得社会福利，但税收没有这种权利。

③赠与收入。赠与收入是指从其他政府或国际组织得到的非强制性转移，包括现金或实物。

④其他收入。其他收入是指除税收、社会缴款和赠与以外的所有其他收入，如出售商品和服务的收入、利息和其他财产收入（如国有资产经营收入）、罚金和罚款。

财政收入的衡量口径有许多种，每种口径包含的收入各不相同。小口径是最常用的财政收入口径，也是我国对外公布的财政收入口径，它实际上包括税收收入和其他非税收入，但不包括政府债务收入、专款专用的政府收入，如社会缴款等。

我国政府收入分为六大类，即税收收入、社会保险基金收入、非税收入、贷款转贷回收本金收入、债务收入、转移性收入。

（2）财政集中度与宏观税负

财政集中度通常被称为宏观税负，即一个国家的税负总水平，对发挥税收的经济杠杆作用有重要意义。

宏观税负是指国家通过各种形式，从国民经济收支环流中截取并运用的资金占国民经济总量的比重。由于财政收入有不同口径来衡量，因此，宏观税负的衡量也有不同的口径，具体内容如下：

①税收收入占 GDP 的比重。

②公共财政收入（一般预算收入）占 GDP 的比重。

③公共财政收入（一般预算收入）加政府性基金收入、国有资本经营预算收入、社会保障基金收入的总和占 GDP 的比重。

2. 税收的相关知识

（1）税收的含义与特征

税收是现代市场经济下政府取得收入的主要手段，是指公共机关依法强制收取的、对纳税人不附带直接回报义务的课征。税收具有以下三大基本特征：

①强制性。强制性是指政府以社会管理者的身份，凭借政治权力，通过法律形式对社会产品实行强制征收。包括建立税收分配关系的强制性和征税过程的强制性。

②无偿性。无偿性是指政府向纳税人进行的无须偿还的征收。即政府无须向纳税人付出报酬，且征到的税收不再直接返还本人。税收的无偿性是税收本质的体现，是区分税收收入与其他财政收入形式的重要特征。

③固定性。固定性是指国家预先规定了征税对象、税基及税率等要素，税收征纳双方必须按规定征税和纳税。

（2）税制要素

税制要素即税收制度的主要构成因素，包括纳税人、课税对象、税率、纳税环节、纳税期限、减税免税、违章处理、纳税地点等。其中，纳税人、课税对象和税率最为重要。

①纳税人。纳税人即纳税主体，是指直接负有纳税义务的单位和个人，包括自然人和法人。与纳税人相关的概念有负税人和扣缴义务人。负税人是指最终负担税款的单位和个人。扣缴义务人是指负有代扣代缴、代收代缴税款义务的单位和个人，它既非纳税人，也非负税人，只负有代为扣税并缴纳税款的义务。

②课税对象。课税对象即征税客体，是指税法规定的征税的目的物，它是不同税种间相互区别的主要标志。与课税对象相关的概念有税源、税目和计税依据。税源是指税收的经济来源或最终出处，以收入的形式存在；税目是指税法规定的课税对象的具体项目，反映具体的征税范围，代表征税的广度。计税依据是指计算应纳税额的依据，规定了确定和度量课税对象的方法，以便计算税基。目前主要的计税依据是计税金额（从价税）和计税数量（从量税）。其中，计税金额可以是收入额、利润额、财产额和资金额。

③税率。税率是指税法规定的应征税额与征税对象之间的比例。即：应征税额=课税对象×税率。税率高低直接体现征税的深度。一般来说，税率可分为比例税率、定额税率（固定税额）和累进（退）税率。

④纳税环节、纳税期限。纳税环节是指在国民收入与支出环流的过程中，按照税法规定应当缴纳税款的环节。纳税期限是指税法规定的纳税人发生纳税义务后向国家缴纳税款的期限。

⑤减税免税。减税和免税是指对纳税人或征税对象给予鼓励和照顾的一种特殊规定。大多数减税、免税都属于定期减免性质，到期就应当恢复征税。

⑥违章处理。违章处理是指税务机关对纳税人违反税法行为采取的处罚措施，体现了税收的强制性。

⑦纳税地点。纳税地点是指纳税人应缴纳税款的地点。一般来说，纳税地点和纳税义务发生地是一致的，但也有一些特殊情况。如与总公司不在同一地点的分公司，其利润应在总公司汇总纳税。

3. 税负转嫁

税负转嫁是指纳税人在缴纳税款后，将税收负担全部或部分转移给他人的过程。换言之，只要纳税人和负税人不是同一人，税负转嫁便产生了。

（1）税负转嫁的方式

税负转嫁可归纳为以下六种方式。

①前转。前转也称"顺转"或"向前转嫁"，是税收转嫁最典型和最普遍的形式，是指纳税人将其所纳税款通过提高其所提供商品价格的方法，向前转移给商品的购买者或者最终消费者负担的转嫁方式，多发生在流转税上。

②后转。后转也称"逆转"或"向后转嫁",是指纳税人在前转困难时,通过压低购入商品或生产要素进价的方式,将其缴纳的税款转给商品或生产要素供给者的转嫁方式。

③混转。混转也称"散转",是实践中比较常见的一种转嫁方式,是指纳税人既可以把税负转嫁给供应商,又可以把税负转嫁给购买者,即前转加后转的混合方式。

④消转。消转是指纳税人通过降低成本等方式,使税负可以从新增的利润中得到补偿。需要注意的是,一部分税负转嫁出去,另一部分税负自行消转时也称为混转。

⑤旁转。旁转也称"侧转",是指纳税人将应负担的税负转嫁给购买者或供应者以外的其他人。如零售商将税负转嫁给商品流通主线之外的物流公司,就是典型的旁转税负。

⑥税收资本化。税收资本化也称"资本还原",是指生产要素购买者将所购买的生产要素未来应当缴纳的税款,通过从购入价格中预先扣除的方法,向后转嫁给生产要素的出售者,主要发生在土地和类似政府债券性质等资本物品的交易中。

（2）税负转嫁的影响因素

影响税负转嫁的各种因素如下。

①应税商品供给与需求的弹性。需求弹性较大,供给弹性较小,转嫁困难;反之,转嫁容易。

②课税商品的性质。生活必需品转嫁容易,非生活必需品转嫁困难。

③课税与经济交易的关系。直接对纳税人征收的税,转嫁困难;间接对纳税人征收的税,转嫁容易。

④课税范围的大小。课税范围广泛,转嫁容易;课税范围狭窄,转嫁困难。

⑤商品的竞争程度。商品垄断程度越高,转嫁越容易;商品竞争程度越高,转嫁越困难。

4. 国债

国债即国家债务,是指一国的中央政府作为主体,以其信用为基础向社会筹集资金所形成的债权债务关系。国债的产生需要具备以下两个条件:一是社会存在比较充裕的闲置资金和比较健全的信用制度;二是国家财力不足并存在财政困难,有资金和经济上的需要。国债具有自愿性、有偿性和灵活性的特征。由于国债有政府信用作担保,风险相对较小,因此又被称为"金边债券"。

（1）国债的种类

①按国债发行地域不同,可将国债分为内债和外债。内债是指国内债务,是政府向本国境内的自然人和法人举借的债务。外债是指国外债务,是政府向外国政府、国际金融机构和境外的自然人或法人举借的债务。外债可在一定时期内增加本国可支配的资金总量。

②按政府偿还的时间长短不同，可将国债分为短期国债、中期国债和长期国债。短期国债是指通常在 1 年期以内的政府债务，最典型的短期国债形式是国库券。中期国债是指 1 年以上 10 年以内的政府债务。长期国债是指期限通常在 10 年以上的政府债务。

③按利率的变动情况不同，可将国债分为固定利率国债与浮动利率国债。固定利率国债，利率在发行时就确定下来了，以后不再调整变动。浮动利率国债，利率可以根据物价指数或市场利息率进行调整。

④按国债能否在证券市场流通，可将国债分为上市（非流通）国债和非上市（流通）国债。上市国债是指可以在证券市场上自由买卖和转让的国债，多为中短期国债。非上市国债是指不能在证券市场上流通转让，持有者只能到期获得本金和利息的国债，多为长期国债。

⑤按国债债务本位的不同，可将国债分为货币国债与实物国债。货币国债是指以货币为债务本位发行的国债，即政府举借和偿还都是货币。实物国债是指以实物作为债务本位发行的国债，可以避免因货币贬值给债权人带来损失的情况，一般在高通货膨胀时采用，如我国 1950 年发行的"人民胜利折实公债"。

（2）国债的负担与限度

国债是国家政府所借的债务，既然是债务，肯定就会涉及负担和限度问题。

①国债的负担。国债的负担可从四个方面来分析：一是认购者负担，即债权人的应债能力能否让渡使用权；二是债务人负担，即政府的偿债能力能否顺利偿还债务；三是纳税人负担，即政府最终需要依赖税收还债，虽然实行"以新债还旧债"机制，但持续下去会累积债务余额；四是代际负担，即国债资金运用不善，当代人造成的负担会留给后人净债务，严重影响后代人的生产与生活。

②国债的限度。政府发行国债应该有适度的规模，这就是国债的限度，通过绝对规模和相对规模，可以对其限度进行衡量。绝对规模可用国债余额、当年发行的国债总额、当年到期须还本付息的国债总额来衡量。相对规模是主要的衡量国债规模的方式，可用国债负担率、债务依存度来衡量。国债负担率是指国债累计余额占 GDP 的比重，反映了国家累积债务的总规模和国民经济对国债的承受能力。国际公认的国债负担率的警戒线为发达国家不超过 60%，发展中国家不超过 45%。债务依存度是指当年的债务收入与财政支出的比例关系，反映了一个国家的财政支出有多少是依靠发行国债来实现的。当国债发行量偏多时，债务依存度过大，反映了财政支出过分依赖债务收入，财政处于脆弱状态。

（3）国债市场的功能

国债市场的功能体现在以下两个方面。

①实现国债的发行和偿还。即国家可以在国债市场的交易中，采取固定收益出售和公募拍卖等方式完成国债的发行和偿还。

②调节社会资金的运行。在国债市场上，无论是持有者与认购者的直接交易，还是通过承销机构的间接交易，都是社会资金的再分配过程，可以使社会资金的配置更为合理，可以引导资金流向、活跃证券交易市场。

二、财政预算与财政管理体制

（一）财政预算

1. 政府预算的含义

政府预算是具有法律规定和制度保证的、经法定程序审核批准的政府年度财政收支计划。政府预算制度最早出现在英国。下面分别从技术方面、政治方面、本质方面来进一步理解政府预算的含义。

①从技术方面看，政府预算具有两层含义。在形式上，政府预算是政府的财政收支计划，以预算平衡表的形式体现，反映了政府资金的来源和流向，体现了政府的年度工作重点和方向。在内容上，政府预算是政府对财政收支的计划安排，反映可供政府集中支配的财政资金数量。通过政府预算，可以清楚地了解政府的财政活动，看出政府在一个财政年度内的收支状况。政府预算是政府理财的主导环节和基本环节。

②从政治方面看，政府预算是重大的政治行为。首先，政府预算指标可以反映政府会选择做什么事情；其次，政府预算反映了支出上的优先权；最后，政府预算反映了政府准备购买的具体公共物品和服务及其成本。

③从本质方面看，政府预算是国家和政府意志的体现。政府预算需要经过国家权力机关的审查和批准才能生效，是一个重要的法律性文件，从编制、审查批准、执行、调整和决算，都要依照法律规定进行。

2. 政府预算的职能

政府预算的职能可归结为以下三个方面。

①反映政府部门的活动。政府预算反映和规定了政府在预算年度内的活动范围、方向和重点。通过科学编制和严格执行政府预算，可以使有限资源得到合理配置，可以使政府的政策和目标得到贯彻实施；公众通过政府预算，可以了解政府的工作情况，透视政府的活动。

②监督政府部门收支运作的情况。通过政府预算，可以评价政府履行职能所花费的成本，考核政府工作活动的绩效。通过编制政府预算草案并得到权力机关审查和批准，能为政府部门提供公共服务、从事财政活动建立明确的管理和控制框架。

③控制政府部门的支出。政府预算实质上是对政府支出规模的一种法定授权。确定政府预算后，只有在授权范围内的支出，才是合法和有效的支出。超出授权范围的支出，即便是必需的也要以预算调整案的形式重新提交同级人大常委会审议，批准后才能执行。因此，通过编制政府预算可以对财政收支活动的成本和效果进行科学的比较分析。通过审查和批准政府预算，可以有效控制政府支出的规模，提高政府公共服务的效率。

3. 政府预算的分类

政府预算可以依照不同的标准进行分类。

①按预算不同的编制形式，可将政府预算分为单式预算和复式预算。单式预算是指将政府财政收支汇集编入一个总预算之内，形成一个收支项目安排对照表，它可以统一反映政府预算年度内能够筹集和使用的社会财富总量。复式预算是指将预算年度内的全部财政收支按收入来源和支出性质，分别编制两个或两个以上的预算，形成两个或两个以上的收支对照表。复式预算由经常预算和资本预算组成。经常预算以税收为主要收入来源，以行政事业项目为支出对象。资本预算以国债为主要收入来源，以经济建设项目为支出对象。

②按预算编制依据的内容和方法不同，可将政府预算分为增量预算和零基预算。增量预算也称基数预算，是指新预算年度的财政收支计划指标在以前预算年度基础上，按新预算年度经济发展情况加以调整后确定。它是传统的预算编制方法，可以保持各项财政收支指标的连续性。零基预算是指新预算年度财政收支计划指标只以新预算年度经济社会发展情况和财力可能为依据，重新评估各项收支的必要性及其所需金额的一种预算形式。

③按预算作用时间长短的不同，可将政府预算分为年度预算和多年预算。年度预算是指预算有效期为 1 年的政府预算。这种预算的某些项目可能在年度内看似合理，但可能在中长期就不一定合理。多年预算也称中期预算或滚动预算，是指对连续多个年度（一般为 3～5 年）的财政收支进行预算的财政计划形式。它可以完善财政计划的作用机制，弥补年度预算的缺陷。

④按预算收支平衡状况的不同，可将政府预算分为平衡预算和差额预算。平衡预算是指预算收入基本等于预算支出的预算，其中略有结余或赤字的预算也可视为平衡预算。差额预算是指预算收入大于或小于预算支出的预算。当收入大于支出时称为盈余预算，当支出大于收入时称为赤字预算。

⑤按预算项目是否直接反映经济效益，可将政府预算分为投入预算、绩效预算和规划项目预算。投入预算是用来控制各项支出的预算。绩效预算是先由政府部门确定职能和需要消耗的资源，然后制定绩效目标，并用量化指标来衡量各个项目的实施情况。规划项目预算是利用各种分析手段和工具评估各项公共计划的成本效益，以拟定最优决策，便于国

家经济资源合理配置的一种预算。

⑥按预算管理层级的不同，可将政府预算分为中央预算和地方预算。中央预算是指中央政府的预算，包括中央各部门预算、中央对地方税收返还和转移支付、地方向中央上缴收入等。地方预算是指由地方各级政府预算组成的预算，包括本级各部门的预算、上级对下级政府税收返还和转移支付、下级政府向上级政府上缴收入等。

（二）财政管理体制

财政管理体制是指管理与规范政府之间划分财政收支范围和财政管理职责与权限的一项根本制度，其中"政府之间"主要是指中央与地方政府之间以及地方各级政府之间的情况。就我国而言，广义的财政管理体制包括政府预算管理体制、税收管理体制、公共部门财务管理体制等；狭义的财政管理体制仅是政府预算管理体制。通常说的财政管理体制指的就是政府预算管理体制，是财政管理体制的中心环节。

1. 财政管理体制的内容及模式

（1）财政管理体制的内容

财政管理体制主要包括财政分配和管理机构的设置、政府间财政收支的划分，以及政府间财政转移支付制度等内容。

①财政分配和管理机构的设置。目前，我国财政管理机构从上至下设置为五级管理机构，即中央、省（自治区、直辖市）、设区的市（自治州）、县（包括自治县、不设区的市、市辖区）、乡（包括民族乡、镇）五级。各级财政部门内部又设置有不同业务分工的机构。政府间事权及支出责任的划分原则包括受益原则、效率原则、区域原则、技术原则。

②政府间财政收支划分。政府间财政收支划分呈现的基本特征是，收入结构与支出结构的非对称性安排，即收入结构划分以中央政府为主，支出结构划分以地方政府为主。这样划分的目的体现在以下两个方面：从收入来看，中央政府拥有较多财力，可以使地方政府在一定程度上依赖于中央政府支持，同时中央政府也有能力予以支持，保证了政府的权威和国家的稳定；从支出来看，绝大部分公共需要的受益范围具有区域性，由各地方政府针对本地需求提供公共物品和服务要比中央政府提供更为便利和有效。

③政府间财政转移支付制度。政府间财政转移支付制度是协调中央政府与地方政府之间财政关系的一项重要配套制度。

（2）财政管理体制模式

由于不同国家的体制不同，以及同一个国家在不同阶段的发展状况不同，财政管理体制也会出现不同的类型。财政管理体制一般分为两种模式或类型，即联邦制模式和单一制模式。

2. 分税制财政管理体制

分税制财政管理体制（简称分税制）是市场经济国家普遍推行的一种财政管理体制模式，是指将国家的所有税种在中央政府和地方政府之间划分，以确定中央财政和地方财政的收入范围的一种财政管理体制。其主要内容由支出责任划分和收入划分组成。

①支出责任划分。支出责任划分根据中央与地方政府的事权划分，明确中央财政支出和地方财政支出。

②收入划分。收入划分是将全部税种分为中央税、共享税、地方税。

3. 财政转移支付制度

（1）财政转移支付的含义

政府间财政转移支付制度通过上一级财政流向下一级财政的资金流动，实现上级政府对下级政府的补助；或从同级的富裕地区向贫困地区的资金流动，实现地区间公共服务水平提供能力的均等化。其作用如下：

①通过财政转移支付，为地方政府提供稳定的收入来源，弥补其收支差额。这是财政转移支付最基本的作用。

②通过财政转移支付，在一定程度上解决各地方之间因财政状况不同造成的公共服务水平的不均等情况。

③中央政府可以对地方的财政支出项目进行调节，有利于增强中央政府对地方政府的控制能力。

（2）我国现行的财政转移支付制度

我国现行的财政转移支付主要包括一般性转移支付和专项转移支付。

①一般性转移支付。一般性转移支付是指为弥补财政实力薄弱地区的财力缺口，均衡地区间财力差距，实现地区间基本公共服务能力的均等化，中央财政安排给地方财政的补助支出，由地方统筹安排。此制度可以缓解困难地区财政运行中的突出矛盾。目前，一般性转移支付包括均衡性转移支付、民族地区转移支付、县级基本财力保障机制奖补资金、调整工资转移支付、农村税费改革转移支付、资源枯竭城市转移支付等具体项目。

②专项转移支付。专项转移支付是指中央财政为实现特定目的，以及对委托地方政府代理的一些事务或中央地方共同承担事务进行补偿而设立的补助资金，如教育、医疗卫生、社会保障等公共服务领域是这类转移支付的重点。

③税收返还制度。税收返还是一种补偿机制，是将因财政体制改革而集中到中央的收

入"存量"返还给地方的一种制度。目前，中央对地方税收返还包括分税制体制改革后的"两税返还"（增值税、消费税返还）、所得税基数返还（企业所得税、个人所得税分享改革后的基数返还）和成品油价格与税费改革税收返还。

（3）规范财政转移支付制度的任务

①完善一般性转移支付的稳定增长机制。增加一般性转移支付规模和比例，促进地区间财力均衡，重点增加对革命老区、民族地区、边疆地区、贫困地区的转移支付。

②清理、整合、规范专项转移支付项目。转移支付的项目要大幅度减少，包括其中重复交叉的项目，取消竞争性领域专项和地方资金配套，严格控制引导类、救济类、应急类专项，甄别并合理划分保留专项。

三、金融市场与金融监管

（一）金融市场

金融市场是以金融资产为交易对象而形成的供求关系及其机制的总和。金融市场是由许多子市场组成的一个庞大的体系，是金融工具的主要交易场所。

根据金融工具的期限长短，金融市场可分为货币市场和资本市场两大类（外汇市场除外）。货币市场是指期限在1年及1年以下的金融资产为交易标的物的短期金融市场；资本市场是指期限在1年以上的金融资产交易市场。

具体来说，主要的金融市场包括同业拆借市场、票据市场、债券市场、股票市场、投资基金市场、金融期货市场、金融期权市场、外汇市场等。

1. 同业拆借市场

同业拆借市场是指金融机构之间以货币借贷方式进行短期资金融通活动的市场，主要用于弥补金融机构短期资金不足、票据清算差额以及解决临时性的资金短缺需求。同业拆借市场具有期限短、流动性高、利率敏感性强和交易方便等特点。同业拆借利率是经济中反映整个信贷资金供求状况的一个敏感指标，国际货币市场上比较典型、有代表性的同业拆借利率是伦敦银行同业拆借利率（LIBOR）。

2. 票据市场

票据市场是以各种票据为交易对象进行资金融通的市场，包括商业票据市场、银行承兑汇票市场、银行大额可转让定期存单市场、短期以及融资性票据市场。其中，商业票据市场和银行承兑汇票市场是最主要的两个子市场。

3. 债券市场

债券市场既具有货币市场属性，又具有资本市场属性，是发行和买卖债券的场所，是一种直接融资的市场。按市场组织和形式的不同，可将债券市场分为场内交易市场和场外交易市场。按期限不同，可将债券分为短期债券（1年期以内）、中期债券（1年期至10年期）和长期债券（10年期以上）。其中，政府以债务人身份承担到期偿付本息责任的短期政府债券，其流动性在货币市场中是最高的，几乎所有金融机构都参与交易。

4. 股票市场

股票市场是指股票发行和交易的场所，分为发行市场和流通市场。发行市场又称一级市场，是发行股票筹集资金的市场，主要的参与者包括上市公司、投资者以及证券公司、会计师事务所、律师事务所等在内的中介机构。流通市场又称二级市场，是已发行股票在投资者之间进行转让的市场，主要的参与者是投资者。活跃的流通市场是发行市场得以存在的必要条件。

5. 投资基金市场

投资基金市场是指通过发行基金单位集中分散资金，由基金托管人托管，基金管理人管理和投资，获得投资收益并分配给基金持有者的机构。它是一种利益共享、风险共担的集合投资方式，也是一种金融中介机构。投资基金的类型很多，其中，证券投资基金是指在证券市场上投资的基金，主要投资于债券和股票。其优势在于专家理财，比一般人更能把握证券市场的走势。

6. 金融期货市场

金融期货市场是指专门进行金融期货交易的市场，具有锁定和规避金融市场风险、实现价格发现的功能。金融期货交易一般是指交易协议达成后，在未来某一特定时间办理交割的交易。金融期货市场的成交和交割是分离的，这就可能造成交割时由于汇率等各种因素的变动，使交易者获利或受损。所以，证券、外汇和黄金较多地采用期货交易形式。

7. 金融期权市场

金融期权市场是金融期货市场的发展和延伸，它们都属于金融衍生产品市场。金融期权交易是指买卖双方按成交协议签订合同，允许买方在交付一定的期权费用后，取得在特定时间内，按协议价格买进或卖出一定数量的证券的权利。如果协议合同到期，购买期权的一方没有行使该权利，则期权合同自动失效。

8. 外汇市场

外汇市场是指按不同种货币计值的两种票据之间交换的市场，也是各种短期金融资产交易的市场。

（二）金融风险与金融监管

1. 金融风险

（1）金融风险的含义与类型

金融风险是指投资者和金融机构在资金的借贷和经营过程中，由于各种不确定性因素使预期收益和实际收益发生偏差，从而发生损失的可能性。常见的金融风险有四类，即市场风险、信用风险、流动性风险和操作性风险。

市场风险是由利率、汇率、股价、商品价格等市场因素波动所产生的风险；信用风险是借款人或市场交易对手违约所带来的风险；流动性风险是资产流动性降低而产生的风险；操作性风险是由于金融机构的交易系统不完善、管理失误或发生人为错误而产生的风险。

（2）金融风险的特征

金融风险一般具有以下四大基本特征。

①不确定性。影响金融风险的因素非常复杂，不同因素相互交织，毫无预见性。

②相关性。金融机构、经济、社会等因素共同产生金融风险。

③高杠杆性。金融企业负债率高，财务杠杆大，负外部性大。

④传染性。金融机构是中介机构，处于这一中介网络的任何一方出现风险，都有可能影响多方对象。

我国的金融风险特性还包括金融结构失衡与融资形式畸形发展使风险集中于银行，金融风险与财政风险相互传感放大，非正规金融规模庞大成为金融安全的隐患，等等。

2. 金融危机

（1）金融危机的含义与特点

金融危机是指一个国家或地区或几个国家或地区的全部或大部分金融指标出现急剧、短暂和超周期的恶化现象。这里的金融指标包括短期利率、金融资产、房地产、商业破产数、金融机构倒闭数等。

金融危机的发生具有频繁性、广泛性、传染性和严重性等特点，不仅会使一国实体经济遭受影响，还可能令该国金融市场崩溃、国家破产，严重时还会引起全球性金融危机。

（2）金融危机的类型

随着经济全球化不断发展，金融危机的国际性更显突出，因此，金融危机的类型实际上指的就是国际金融危机的类型，具体包括债务危机、货币危机、流动性危机、综合性金融危机等。

①债务危机也称支付能力危机，即一国债务无法按期偿还引发的危机，一般发生在发展中国家。发生债务危机的国家有以下特征：出口不断萎缩，外汇主要来源于举借外债；国际债务条件对债务国不利；外债投资效益不高，创汇能力低。

②货币危机通常反映为本币汇率高估，一般容易发生在实行固定汇率制或带有固定汇率制色彩的钉住汇率制度的国家。当由于本币汇率高估引发投机冲击时，会加速外汇市场上本币的抛压，最终结果不是本币大幅度贬值，就是该国金融当局为捍卫本币币值，动用大量国际储备干预市场，或大幅度提高国内利率。钉住汇率是指一国货币按固定比率同某种外币或混合货币单位相联系的汇率制度。发展中国家大多采用钉住汇率制度。

总体来说，从国际债务危机、欧洲货币危机到亚洲金融危机，危机主体的一个共同特点在于其钉住汇率制度。因此，一国货币危机的发生与其宏观基本面、市场预期、制度建设和金融体系发展状况有很大关系。

③流动性危机。流动性危机主要由流动性不足引起，具体可以分为国内流动性危机和国际流动性危机两个层面。国内流动性危机是由于金融机构资产负债不匹配，即"借短放长"，导致流动性不足以偿还债务，使银行的资产减缩而引发大规模的"挤兑"风波，导致危机爆发。国际流动性危机是由于一国金融体系中潜在的短期外汇履约义务超过短期内可能得到的外汇资产规模，导致国际流动性不足。换言之，一国外汇储备越多，国际流动性越充足，发生流动性危机的可能性就越小；反之，则越大。

④综合性金融危机。综合性金融危机通常是几种危机的结合，一般分为外部综合性金融危机和内部综合性金融危机。发生内部综合性金融危机国家的共同特点是，金融体系脆弱，危机由银行传导至整个经济。

（3）次贷危机

次贷危机是指一场发生在美国，因次级抵押贷款机构破产、投资基金被迫关闭、股市剧烈震荡引起的金融风暴。

3. 金融监管

（1）金融监管的含义

金融监管对经济、金融运行具有重要的意义，它是一国金融国际化发展的重要条件。金融监管即金融监督管理，是指一国金融管理部门为达到稳定货币、维护金融业正常秩序等目的，依法对金融机构及其经营活动实施外部监督、稽核、检查，并对其违法违规行为进行处罚等一系列行为。

金融监管首先从银行开始，原因在于银行具有以下特性。

①银行提供的期限转换功能。银行在储蓄—投资转化过程中为储蓄者和投资者提供

"借短放长"的资金操作模式，实现期限转换。

②银行是整个支付体系的重要组成部分，作为票据的清算者，降低了交易费用。

③银行的信用创造和流动性创造功能。

（2）金融监管的一般性理论

金融监管的一般性理论包括公共利益论、保护债权论、金融风险控制论，以及全球化金融环境下对传统理论的挑战。

公共利益论认为，监管是政府对公众要求纠正某些社会个体和社会组织的不公平、不公正和无效率或低效率的一种回应。政府的参与能够解决市场缺陷，因此它可以作为公共利益的代表来克服市场缺陷等问题，由此也能带来更大的公共福利。

保护债权论认为，银行等金融机构存在严重的逆向选择和道德风险等问题。因此，为了保护债权人的利益，则需要金融监管。但由于监管成本昂贵，且投资者不了解银行业务，由此形成了监督的"自然垄断"性质，使得外部监管成为必要。

金融风险控制论是在"金融不稳定假说"的基础之上建立的，该理论认为，银行的利润最大化目标会使其增加有风险活动，导致系统内的不稳定性，如高负债经营、借短放长和部分准备金制度等。银行经营的是金融资产，而各金融机构之间具有密切联系，其流通性使银行体系存在风险传导性，所以金融监管控制金融体系系统性风险是十分重要的。

随着金融全球化，各国金融市场之间的联系越来越密切，由此带来的信息不对称问题更为突出，金融监管难度加大。另外，金融管理当局既要维护本国金融体系稳定，又要鼓励本国机构参与国际金融业务活动，这样就会受到国际上的监管约束。

因此，越来越强的金融全球化趋势使得传统理论模式受到挑战。一国金融管理部门的监管行为不再是单边合作，而是在多边基础上的合作。为此，金融监管的经济理论支柱、监管理念需要适当地进行改变。

第三节　宏观经济管理与平衡

一、宏观经济管理

（一）宏观经济管理的必要性

为弥补"市场缺陷"，有必要加强宏观经济管理。市场机制不是万能的，具有自身内在缺陷，如市场机制调节的盲目性、滞后性、短暂性、分化性和市场调节在某些领域的无效性，这就需要通过国家宏观经济管理，弥补市场缺陷；为维护市场秩序，有必要加强宏观经济管理。市场经济条件下，发挥市场配置资源优越性的条件之一，就是要保证市场竞争的公平。但单靠市场自发调节，并不能确保市场竞争的公平，还容易形成市场垄断和过度投机，破坏公平竞争机制，造成市场秩序混乱。宏观经济管理的必要性为：①政府通过建立、维护和保障市场经济有序运行和公平竞争的制度规范，进行严格的市场监管，保障市场公平交易；②为促进国民经济持续快速健康发展，有必要加强宏观经济管理；③为更好地发挥公有制的优越性，有必要加强宏观经济管理；④为维护公平分配和国家整体利益，有必要加强宏观经济管理。

（二）宏观经济管理目标

宏观经济管理目标是指凡有工作能力并愿意工作的人，都能在较合理的条件下找到适当工作的一种社会状态。充分就业并不意味着"全部就业"和"人人都有工作"。只有非自愿失业才算真正的失业。失业率过高，不仅造成人力资源的严重浪费，而且造成失业者及其家庭生活困难。因此控制失业率，实现充分就业，成为世界各国政府宏观经济管理的重要目标。宏观经济管理职能，是指国家政府在管理国民经济中所应担负的职责和发挥的功能。

社会总供给：是指一个国家或地区在一定时期内（通常为一年），全社会向市场提供的可供购买的最终产品和劳务的价值总和。它包括国内生产提供的部分与进口的商品和劳务总量。

社会总需求：是指一个国家或地区在一定时期内（通常为一年），全社会通过各种渠道形成的对产品和劳务以货币支付能力的购买力的总和。按社会总需求性质划分，可分为消费需求、投资需求和出口需求三部分。

社会总供求平衡：是指一个国家或地区范围内，同一的计算口径、同一时期内，社会总供给与社会总需求在总量和结构上的协调的一种经济状态。这种状态包括总量平衡和结构平衡。

社会总供求平衡的意义：社会总供求平衡是国民经济的持续、快速、健康发展前提条件。持续、快速、健康发展国民经济是宏观经济管理的基本目标，而社会总供求平衡是国民经济持续、快速、健康发展的前提。在这里，社会总供求量上的平衡，则保证了国民经济持续有序运行的可行性和现实可能性，而社会总供求机构上的平衡，则保证了国民经济能按比例、协调健康地发展。

社会总供求平衡是优化资源配置和经济结构的基础。资源配置合理和经济结构优化，既是社会经济效益提高的主要保障，也是宏观经济管理的重要目标之一。在社会总供求基本平衡的条件下，国民经济各部门、各行业之间有一个大体平均的利润率，生产要素在各部门间、行业间的流动处于一种比较稳定的状态，有利于促进社会资源合理配置和经济结构的优化及国民经济效益的不断提高。同时，社会总供求基本平衡，也是进行经济结构调整的有利时机。这时，供给的压力和需求的拉力同在，企业为了获得更多利润，会主动地进行产业结构和产品结构的调整，以更好地适应需求结构的变化；社会总供求平衡是提高城乡居民生活水平的重要保证。在社会总供求基本平衡的条件下，和广大城乡居民生活息息相关的物价基本稳定，就业比较充分，商品供给充裕，服务周到，收入水平稳步增长，居民的物质文化生活水平得到不断提高。

社会总供求平衡是实现社会经济发展战略目标的重要条件。任何一个国家都有其社会经济发展战略目标，要保证这些战略目标的实现，需要一个良好的社会经济发展环境。只有社会总供求基本平衡，国民经济才能持续、快速、健康地发展，进而才能在社会经济发展的基础上，促进经济、社会、生态、人的全面发展等诸多发展战略目标的实现。

经济波动：是指经济总量扩张与收缩的一种经济运动现象。

经济周期：是指因经济波动而使宏观经济运行呈现出繁荣、衰退、萧条、复苏的周期性运动过程。

按经济周期波动性质，一般可分为绝对周期和增长周期。绝对周期是指经济总量绝对水平的波动，主要表现为经济衰退中经济总量绝对水平的下降；增长周期是指经济总量相对水平的波动，主要表现为经济衰退中，经济总量水平增长的同时经济增长率的下降。

宏观经济计划是国家为了实现一定的经济发展目标而对未来一定时期国民经济发展主要方面所做的总体战略部署和安排，其特点有：宏观性、战略性、政策性。

宏观经济计划的地位。是国家管理和调节国民经济的基本依据，在宏观经济管理体系中居中心地位。宏观经济计划是宏观管理的基本依据。宏观经济计划规定着未来一个时期经济社会发展的基本目标，规定着宏观经济运行的速度、比例和效益等基本走势，一切宏观经济管理活动都要以实现宏观经济计划为主要目标。正是这种计划主导型的宏观管理模式，决定了宏观经济计划是宏观经济管理的起点和归宿；宏观经济计划是宏观经济管理的中心环节。从宏观经济管理职能看，宏观经济计划是宏观决策的具体化，体现着事关国民经济发展大局的社会经济发展目标、发展战略、重大方针政策等，决定着事关社会经济发展全局的长期规划、产业结构、区域布局、国家投资、国民经济等重大经济问题，是宏观经济管理的中心职能，在宏观经济管理中居于主导地位，其他的宏观经济管理职能，都要服从宏观计划职能，围绕宏观经济计划的实现而展开；宏观经济计划是协调各种宏观经济管理手段的中心。为了实现宏观经济管理目标，需要借助一系列的宏观经济管理手段，其中包括：计划手段、经济手段、法律手段和行政手段等。这些手段无疑都是宏观经济管理的重要手段。但这些手段如何协调一致、形成合力，共同实现宏观经济管理目标，则必须以宏观经济计划为中心。这是因为宏观经济计划是宏观经济管理的基本依据和宏观经济管理的中心环节，也统领宏观经济管理中各项重大的经济活动。

二、财政政策工具

国家预算：国家财政收入与支出的年度计划。

税收：国家凭借权力参与社会产品分配的重要形式，是政府组织财政收入的重要手段。

公债：即国家信用，是国家举借的内、外债的总称，是国家以信用方式筹集财政收入的一种手段。

购买性支出：政府利用财政资金购买商品和劳务的支出。

转移性支出：即转移支付，是政府把财政资金的一部分无偿地、单方面地转移到社会保障和财政补贴等方面的支出。

法定存款准备金政策：法定存款准备金政策是中央银行在国家法律所赋予的权力范围内，通过规定和调整法定存款准备金率，调节存款准备金和货币乘数，调控货币供应量的一种政策手段。

再贴现政策：再贴现政策是指中央银行通过规定或调整再贴现率和商业银行等金融机构向中央银行申请再贴现的票据种类资格，干预和影响货币市场的供给与需求及市场利率，以调节货币供给量的一种政策手段。

公开市场业务：公开市场业务是中央银行在货币市场上通过买卖有价证券活动调节基础货币，从而调节货币供应量的一种政策手段。

三、紧的货币政策和紧的财政政策

这一政策组合即"双紧"政策，紧的货币政策主要通过提高法定存款准备金率、再贴现率等收缩信贷支出规模，以及利用公开市场业务减少货币供应量，进而抑制社会总需求；紧的财政政策主要通过增加税收、削减财政支出规模和国家信用，以及财政盈余等来抑制社会总需求的扩张。如果需求膨胀，物价持续上涨，一般应采取"双紧"政策。"双紧"搭配方式对经济的影响与"双松"搭配恰好相反，其积极一面，可以有效抑制社会总需求，缓解通货膨胀压力；其消极一面，在抑制社会总需求的同时，供给也会受到抑制，整个经济有可能陷入萎缩状态。

四、宏观经济的总量平衡

宏观经济总量平衡是宏观经济运行的基本要求，也是宏观经济管理的主要目标。社会总供给与社会总需求是宏观经济运行与管理中的两个最重要的指标。在宏观经济管理中，宏观经济运行的各种变量最终都要归结为社会总供给与社会总需求两个总量。通过对这两个总量进行科学的调节和控制，可以促进国民经济健康协调发展。

社会总供给是指一个国家或地区在一定时期内（通常为 1 年）提供给社会可供最终使用的产品和劳务总量。其中，包括国内生产提供的部分和进口的商品及劳务总值。

社会总需求是指一个国家或地区在一定时期内（通常为 1 年）通过各种渠道形成的对产品和劳务的货币购买力。按需求性质划分，包括消费需求、投资需求和净出口需求三部分。

理解社会总供求平衡这一问题，应注意以下四点：第一，总供求平衡不是指绝对相等，而是指两者的基本平衡或基本协调；第二，总供求平衡不仅包括静态平衡，更重要的是指动态平衡；第三，总供求平衡既包括总量平衡也包括结构平衡；第四，总供求平衡既包括短期平衡，也包括长期平衡。

影响短期总供求平衡的因素主要有：财政收入平衡、信贷收支平衡、国际收支平衡。

影响长期总供求平衡的因素主要有：社会资源的配置状况，技术水平和管理水平的高低，产业结构是否合理，经济管理体制是否科学、合理。

实现总供求平衡是宏观经济管理的最终目标。实现总供求平衡对宏观经济的顺利运行具有重要意义，具体来说：第一，实现总供求平衡是保持国民经济持续、快速、健康发展的基本条件；第二，实现总供求平衡有利于社会资源的合理配置和经济效益的提高；第三，实现总供求的基本平衡有利于经济体制改革和产业结构的调整。

第四节　宏观经济管理的主体目标与监督

一、宏观经济管理的主体

根据国民经济发展目标，制订和实施国民经济和社会发展的长短期规划；宏观调节，即运用各种政策和手段，协调国民经济发展的重大比例关系，协调各方面的利益关系；宏观监督，即通过制定各种法规，维护社会和经济秩序，促使宏观经济目标的实现；宏观服务，即通过提供信息、公共设施、社会保障等各种服务，为企业生产经营和人民生活创造良好的环境。

（一）政府在宏观经济运行中的基本职能

1. 维护产权制度

产权明确界定及保护，是市场经济存在与发展的基本前提。因为，市场经济是一种交换经济，交换的顺利实现，从而保证市场经济的正常运行，必须以产权的明确界定为基础，以产权保护为条件。实践证明，市场经济越发展，经济关系越复杂，产权界定和保护越重要。我们看到，现代国家的宪法都把保护财产权作为一项重要原则加以明确，但是在实践中，产权界定问题并没有完全解决。在市场经济不断发展的过程中，会形成新的产权关系，出现新的产权问题，使产权界定和保护的难度加大，如公共产权问题、知识产权问题等，都需要以新的思路，探索新的办法加以解决。

2. 维护市场秩序

市场经济是竞争经济。在市场经济条件下，逐利或追求利益的最大化，是商品生产者和经营者的直接动机，而为了实现利益的最大化，就可能出现竞争不择手段问题，导致市场无序和经济震荡，使市场经济无法正常运行。另外，市场竞争作为优胜劣汰的过程，其结果是市场份额逐步向少数优势企业手里集中，最终市场被少数乃至单个企业所控制，形成垄断。而在垄断条件下，垄断企业不必通过改进技术，降低成本，加强和改善管理，只要控制垄断价格，就可以获得垄断利润，结果使经济发展失去活力和动力。可见，无论是无序竞争，还是垄断，都不利于市场经济的健康发展。为此，作为宏观经济管理主体的政府，必须从经济发展的全局出发，承担起维护正常市场秩序的责任。通过制定规则，约束市场竞争主体的行为，对任何破坏市场秩序的竞争行为实施打击；通过制定法律，限制市场垄断，以保持市场竞争的活力。

3. 调节社会总供求关系

社会总供给与总需求的平衡，是市场经济正常运行的根本条件。社会总供给与总需求的平衡，实际上包括相辅相成的两个方面，即总量平衡和结构平衡。总量平衡是结构平衡的前提，结构平衡是总量平衡的基础。在自由竞争条件下，社会总供求的平衡是通过市场机制的自发作用实现的。但实践表明，仅靠市场的自发作用，要经常保持社会总供求的平衡是困难的，而且要付出沉重的代价，因为市场机制的作用具有盲目性。作为市场活动主体的企业，由本身地位所局限，很难通过全面掌握经济活动信息来正确预测和把握整个经济发展的方向和趋势，并使自己的投资行为与之相符合。当这些盲目行动在一定条件下汇集成强大合力的时候，经济失衡就不可避免地发生了。为了避免出现严重的经济失衡或一旦失衡能尽快恢复平衡，就需要由了解和掌握经济发展全局的政府对社会总供求关系进行主动调节。

（二）政府在市场失灵领域中的职能

1. 抑制垄断势力

经济学理论认为：企业规模大会带来效率，但它也会带来市场权势和免于竞争的压力。竞争的自由可能蜕变为串通的自由或吞并竞争对手的自由，所以，政府需要采取措施来抑制垄断势力。政府常常控制垄断企业的价格和利润，如对地方公用事业的控制，禁止合谋定价，等等。

2. 控制外部效应

当社会人口更加稠密时，而且当能源、化学制品和其他原材料的生产量更快增长时，负数溢出效应（或负外部效应）就由微不足道的损害而增长成为重大威胁。这就是政府参与所具有的意义。政府必须制定法规（如反污染法、反吸烟条令）来控制外部效应，如空气和水的污染、不安全的药品和食品，以及放射性的原材料。尽管批评者抱怨声称"政府的经济活动是不必要的强迫"，可是现在大多数人都赞成"需要政府来控制由于市场机制而引起的一些最坏的外部效应"。

3. 促进社会财富公平分配

市场经济既然是以承认差别为前提的竞争经济，那么在竞争基础上出现收入差距甚至差距不断拉大就是一种合乎规律的经济现象。必须看到，没有差距就没有效率，否定收入差距，就不可能有真正的市场经济。但是，收入差距过分拉大，反过来会影响效率，影响经济的稳定发展，引起社会两极分化及不同阶级和利益群体的严重对立。单靠市场机制来调节收入分配，无法形成既能够促进经济效率不断提高，又能促进社会和谐、稳定的公平合理的社会分配关系。市场调节的不足，需要由政府主导的收入再分配来弥补和纠正。政府的收入再分配职能，主要通过财政收支来实现；随着政府收入再分配职能的系统化、规范化发展，社会保障制度逐步建立健全起来，成为政府对收入分配关系实施调节的重要途径。

（三）政府在开放经济中的职能

1. 根据国际贸易条件，确定合理的主导产业

这通常需要考虑这样一些因素，即国际上先进国已有生产者的竞争力所带来的劣势、国际市场的有利条件、国内要素的结构。只有如此，才能建立起一批能够参与国际竞争的主导产业，并通过国际贸易获得利润而实现资本积累，进而增加就业机会，带动国内其他

相关产业的发展。当已经建立起来的主导产业其市场（国内外）趋向于饱和时，便须采取果断措施进行产业的调整，以便通过主导产业的更新换代来保持不衰的国际竞争力。

2. 吸收先进国的技术优势，加快经济发展

当然，吸收的技术要符合本国的禀赋结构和产业特征，不合适的则要加以改进。吸引外资发展本国经济被证明是一条可行的途径，但外资所有者与后进国政府在合作中必然存在利益的矛盾，如何管理外资、发展本国产业是个关键的问题。

3. 为国内企业家参与国际竞争提供必要的支持

开放经济使国内市场与国际市场连在一起，如果没有政府给予企业家必要的支持，那么国内企业无论是在本国发展还是向国外投资都将面临很大的风险。

4. 建立符合本国的制度安排并使这些制度安排与国际接轨

发展中国家使本国的制度安排尽可能地与国际接轨主要有以下两个方面的好处：一是可以提高国际竞争力，二是可以减少对外开放的交易费用。

（四）政府在经济转型期的职能

这些国家的政府在市场经济的建立、完善和管理上，在社会环境的改善等方面有许多特殊的工作要做，主要是：

1. 推动市场体系的建立和完善

作为一种制度性安排的市场经济是无法完全靠自然、自发的力量，不花任何代价就能在短期内实现的。当市场体系尚未建立和完善的时候，政府不发挥积极的作用，可能会导致更多的经济问题和社会问题。因此，政府不仅要积极推动社会变革，而且还要尽快促进市场体系的形成和完善。

2. 促进社会保障体系的形成

经济转型国家中与市场体制相适应的社会保障体系往往不健全，尤其像中国这样一个人口大国，原来在社会保障方面的基础比较薄弱，依靠的是国有企事业单位的微薄力量来维持就业和基本生活保障。而大量国有企业经营效率低下，在改革中企业破产、兼并、重组的进行必然会出现人员裁减，剩余劳动力大量流向社会，造成失业队伍迅速扩大，这就向我国的社会保障体系提出了挑战。不解决好这些问题，不能够保持社会的稳定，就会影响改革的顺利进行。因此，建立健全我国的社会保障体系，积极筹集和合理分配养老金、失业金、医疗保险金、贫困救济金等，单靠企业或个人的力量是难以做到的，政府在其中有着任何其他社会组织无法替代的作用。

3. 国有资产的有效管理

原来的计划经济体制国家中，国有资产都有相当大的规模，国有经济一般占据着国民经济的主导地位。因此，在改革的过程中，如何防止国有资产流失，实现国有资产保值和增值，提高国有资产的运营效益，是政府义不容辞的责任。

4. 自然环境和社会环境的治理

环境是一种公共物品。在许多国家的发展过程中，尤其是像中国这样经济持续快速发展的国家，自然环境和社会环境都有不同程度的恶化。这实际上是对未来的一种"透支"。人们现在不但要忍受环境污染和社会秩序恶化所带来的种种短期后果，还将在未来为此付出更高的代价。因此，从长远和全面的角度来看，政府应该责无旁贷地对此采取积极的管理措施。

二、宏观经济管理目标

宏观经济管理目标是指一定时期内，国家政府对一定范围内经济总体进行管理所要达到的预期结果。宏观经济管理目标是宏观经济管理的出发点和归宿点，也是宏观经济决策的首要内容。从我国社会制度、经济体制和目前的国情出发，我国宏观经济管理目标总的概括应是，在有利于发挥市场基础调节作用和企业自主经营、增强活力的情况下，通过正确发挥政府宏观经济管理职能，保证整个国民经济持续、快速、健康的发展，以达到不断取得较好宏观效益、提高人民物质和文化生活水平的目的。宏观经济管理目标有经济稳定目标、经济增长目标、宏观效益目标、生活水平目标等四个方面的内容。

（一）经济稳定目标

宏观经济调控是社会主义市场经济的重要组成部分。国家明确地将促进经济增长、增加就业、稳定物价和保持国际收支平衡，作为宏观调控的四大主要目标。实现这些目标，对完善社会主义市场经济体制具有重要的意义。

1. 经济总量平衡

经济总量平衡是指社会总供给与社会总需求在总量和主要结构上的基本平衡。其中，总量平衡主要是指一定时期内国内生产总值和国外商品、劳务输入与投资需求、消费需求和国外需求的平衡。结构平衡主要是指投资品与投资需求、消费品与消费需求的平衡。在宏观经济调控中总量能否平衡是一个主要矛盾。抓住这个主要矛盾把总量控制住，就不会造成大的经济波动，以引导整个国民经济健康运行，为微观经济创造一个合理顺畅、公平竞争的宏观经济。从我国近些年的经验数据分析，我国社会总供需差率一般要控制在5%左右。

2. 国际收支平衡

国际收支平衡是指一国对其他国家的全部货币收入与货币支出持平或略有顺差或逆差。货币往来是指经济交易。国际经济交易按其性质分为自主性交易和调节性交易。随着对外开放政策的深入贯彻，我国经济对外联系日益扩大，使对外经济关系出现了新变化，主要表现为国际收支平衡与国内经济稳定增长。国内经济平衡与国际收支平衡存在相互依存、相互制约的关系。国内经济可以把不平衡的矛盾适度转移到国际收支环节，以利于维持国内经济在一定时期内的稳定增长。

3. 物价稳定

物价稳定主要有三种含义：一是指物价总水平的稳定；二是指主要商品特别是某些主要消费品物价总水平的稳定；三是指物价上升水平稳定地低于居民平均收入增长的水平。保持物价总水平的相对稳定，其衡量的主要指标是物价总指数。我国市场经济的价格机制绝不是政府对价格撒手不管。物价总指数的上升趋势，使各种商品的比价在动态中变化，有利于价格体系的改革，有利于经济结构的调整，但价格改革必须在国家宏观调控之下，以防引起通货膨胀。只要物价上涨的幅度是在社会可容忍的范围内，不超过 3% ~ 5% 的年率，即认为物价稳定。

（二）经济增长目标

宏观经济管理不仅要稳定整个国民经济，更重要的还要促进其不断发展。

1. 适度投资规模

这是影响经济增长的直接因素。所谓适度，就是既能满足一定的经济增长需要，又充分考虑一定时期内人力、物力、财力的可能。

2. 合理的产业结构

产业结构合理，经济良性循环，经济效益提高；反之，经济运行阻滞，经济效益下降。调整产业结构主要有两条途径：一是调整投资结构，通过增减对某种产业的投资而影响其发展速度；二是改变现有企业的生产方向，促使一些企业转产。

3. 科学技术进步

要促使经济增长，必须重视科学技术的发展。

（三）宏观效益目标

宏观经济管理所追求的效益是指宏观效益。

1. 宏观经济效益

宏观经济效益既表现为一个国家一定时期内国内生产总值或国民收入的增加，又表现为一个国家一定时期内人民物质文化生活水平的总体提高。宏观经济效益是国民经济各部门、各单位微观经济的综合。因此，在一般情况下宏观经济效益与微观经济效益是统一的，但在有些情况下也存在矛盾。因为有些经济活动在局部看来是合理的，但全局看来是不合理的，因此其局部经济效益的提高就不会促进宏观经济效益的提高。在这种情况下，国家政府就要运用一定的宏观经济管理手段引导其行为，使微观经济效益与宏观经济效益尽量达到统一。

2. 社会效益

社会效益是指在经济发展中，某些经济行为如产品的生产、利润的增加、技术的采用等，对整个社会的发展和进步所产生的作用及影响，主要表现在精神文明建设方面。如果某些经济行为对社会发展和进步，对人类精神文明建设有积极作用和影响，称为正社会效益，否则就是负社会效益。宏观经济管理不仅要追求较好的宏观经济效益，而且也要追求较好的社会效益。

3. 生态效益

生态效益是指经济发展对生态平衡、环境保护所产生的影响。现代化生产为自然资源的合理开发创造了条件，但是也为环境污染和生态平衡的破坏提供了可能。环境保护、生态平衡是关系资源再生和人类生存的大事，因此在宏观经济发展中不仅要追求经济的快速发展、先进技术的采用和劳动效率的提高，而且要注意生态效益，使经济发展有利于环境保护和生态平衡。

（四）生活水平目标

不断满足广大人民日益增长的物质文化生活水平的需要是社会主义的生产目的，也是宏观经济管理的最高目标。在整个国民经济发展中，经济稳定、经济增长和宏观效益的提高都是人民物质文化生活水平不断提高的直接影响因素和前提条件。

1. 提高民族素质，适度控制人口

要使人民物质文化生活水平不断提高，必须一方面通过发展经济提高国内生产总值和国民收入的水平；另一方面控制人口的增长，提高民族素质。否则，如果人口增长速度超过国内生产总值或国民收入的增长速度，那就意味着人均国内生产总值或人均国民收入的下降，意味着人民物质文化生活水平的降低。

2. 充分就业

充分就业通常指凡有能力并自愿参加工作者，都能在较合理的条件下，随时找到适当的工作。一般把失业率低于 3%～5% 看作该社会能够充分就业。市场经济下可以有失业，可以有下岗，优胜劣汰，但是，下岗不是目的，政府通过再就业工程，通过培训，使下岗职工找到适合自己的工作，并使其有竞争压力。我国劳动就业问题比较突出，必须认真对待，它不仅关系到经济的发展，而且是实现社会安定的重要一环。

3. 公平分配

市场机制不可能自动实现社会公平，它只能在等价交换意义上实现机会均等的平等精神。我们一方面是利用市场机制，把利益得失作为竞争的动力，鼓励一部分人靠诚实劳动、合法经营先富起来，推动社会进步；同时也要重视我国目前还处于低收入水平阶段，必须把社会各阶层人民生活水平普遍提高作为社会主义制度优越性的体现。要通过税收等政策手段消除由客观条件造成的苦乐不均现象，防止地方、企业及个人收入之间差距悬殊，并通过社会保障体系解决低收入阶层的基本生活。

4. 建立和完善社会保障体系

社会保障体系包括社会保险、社会救济、社会福利、优抚安置、社会互助和个人储蓄积累等保障。

三、宏观经济的监督

对宏观经济进行监督的形式和内容主要有以下三方面：第一，依靠综合经济管理部门进行经济监督；第二，依靠行政手段对经济活动进行监督；第三，依靠法律手段进行经济监督。要依照依法治国的基本方略，加强宏观经济的监督。首先，需要完善各种经济法律法规，做到有法可依；其次，要加强执法和监督力度，提高执法水平，切实做到有法必依、执法必严；最后，推进司法体制改革，建立权责明确、行为规范、监督有效、保障有力的执法体制。

随着时代的不断发展，我国已经进入高速发展的新时期，而随着市场经济的深入影响，我国经济体制也发生着日新月异的变化。而宏观经济政策一直以来都是我国主要的经济调控手段，它可以保证大部分公民获得稳定的就业，遏制物价上涨和下跌，同时也能够保证经济进入稳定的增长阶段，保证净出口收入支出的均衡。而对于宏观经济政策的调控主要取决于国家审计机关的合理监督和管理，这也是保证社会安定的重要基础。

（一）界定职责，创造审计条件

针对目前审计部门在审计风险及审计职责范围方面存在的问题，首先，国家权力机关需要修订目前的《审计法》，并且在法规中明确界定国家审计部门对国际宏观经济政策的实施具有监管职能，能够参与到宏观经济调控政策、经济项目、国企发展等重要项目的决策和修改，从而为审计部门创造基本的审计条件，保证对于经济政策的审计监管能够有效达成。

（二）扩大范围，保证全面监管

对于目前审计情况而言，需要对审计部门的审计范围进行扩大，坚持以预算审计为中心，同时加强对财政政策方面的审计监管，如对财政税收政策和政府决策的落实情况进行监管，同时对于政府方面的债务情况进行审计，保证审计过程的有效性和合法性，让审计能够更加全面和完善。

（三）关注扶助，保证政策落实

对于目前审计存在的问题，审计部门首先需要重点关注一些国家扶助产业的政策落实与监管情况，保证中小型企业的优惠政策得到推广和落实，让中小企业得到长久的发展，同时普及国家减负政策，让企业坚持按照政策履行自身的社会责任及义务，同时对于乱收费现象进行遏制与杜绝，保证审计的质量及效率。

（四）公开流程，接受民众监督

为了保证审计的公平性及透明化，审计部门应当酌情对审计流程进行筛选，对于涉及国家机密及信息安全的流程不予公开，而对于一些宏观经济调控政策或者惠民扶助政策的审计都需要通过公告进行公示，从而让群众对审计的流程和内容都有知情权与监督权，也能更好地体现出宏观经济政策本身就是服务于人民的基础思想。

审计工作本身就是一个比较注重效果及流程的工作，对于审计部门而言，要想提升审计的有效性，首先就需要提升自身的审计要求，扩大审计的范围以及监督管理的力度，对于国家一些扶助政策要进行关注和监管，保证政策的执行性，同时保证审计的流程公开化、透明化，让审计工作能够更好地推动国家的发展，为人民服务。

第一节　供求关系与市场均衡

一、供求理论

在市场经济体制下，企业生存和发展面临的最重要的外部环境是市场。需求和供给是构成市场的两个方面，供求关系决定价格，价格机制使稀缺资源得以优化配置。因此，企业管理者必须十分了解市场及其运行规律，并使自己的管理决策能够随时适应市场的变化，例如，理解和预测在生产技术、市场环境变化之后市场价格的变化；评估某项政府政策对企业管理的影响；当经济开放程度大幅度提高后，各种关税和非关税壁垒对企业经营环境的影响；当企业拟新设一座工厂，大幅度提高本行业产品的生产能力后，对行业供给进而对市场价格和企业利润水平的影响；本企业拟定一项新的增长战略以后，行业的竞争对手如何反应，对行业的总的供求关系会产生何种影响；等等。

(一) 需求理论

1. 需求的概念

简单地说，需求是指在一定的时间段内，面对某一商品的各种价格，消费者愿意并且能够购买的数量。在这个定义中有两个要点，涉及两个变量。所谓两个要点，是指消费者的意愿和支付能力，两者缺一不可，有购买某种商品的意愿而没有支付能力不是经济学中的需求，反过来，有支付能力而没有购买意愿也不是经济学中的需求。例如，一个大学刚毕业的学生，有购买小轿车的意愿但缺少支付的能力，那么确定轿车市场需求的调研人员就不能把该学生的意愿计算为对轿车的需求。与此相反，如果某人发明了一种可以使人长眠不醒的药物，价格极低，虽然大多数人有支付的能力，但没有消费和购买的欲望，那么这也不构成需求。需求概念涉及的两个变量是商品的价格及与该价格相对应的购买数量，需求反映了人们购买的商品数量与商品价格这两个变量之间的相互关系。这里要说明的一点是，在消费者做出某种购买决策时，有多种因素在同时起作用，如商品本身的价格、消费者的收入、消费者偏好、对未来价格的预期、各种商品相对价格关系等，这些因素在后面将详细分析。不过，为了简化分析，便于抓住经济现象或经济变量之间的最主要的关系，经济学家常常忽略某些相对次要的因素，在假定这些次要的因素给定的情形下，分析价格和购买量之间的关系。

需求可以分为个人需求和市场需求。个人需求是指单个消费者或家庭对某种商品的需求。针对某特定市场，把对某一商品所有的个人需求加总，即把与每一可能的价格相对应的每个消费者或家庭的需求量相加，便得到该商品的市场需求。市场需求是指在某一特定市场上，所有消费者或家庭对某种商品的需求。个人需求是构成市场需求的基础，市场需求是所有个人需求的总和。

在理解需求的概念时，还要注意需求与需求量的区别。需求量是指在某一特定时期内，消费者在特定价格水平上愿意并且能够购买的商品和劳务的数量。需求量是在一个特定价格水平上的具体数量，而需求是对应于每一可能价格水平下需求量的组合。

2. 需求定理

（1）需求定理的内容

需求定理或称需求规律，是表明某商品的价格与其需求量之间关系的。其基本内容是：在其他条件不变的情况下，某种商品的需求量与价格之间呈反方向变动，即某种商品价格上升，则其需求量减少；反之，需求量增加。

需求定理表现在需求曲线上，可以看出需求曲线是一条负斜率的曲线，即从左上方向右下方倾斜，这也是需求曲线的基本特征。

需求定理所说明的需求量与价格反方向变动的原因，在前面分析影响需求的主要因素时已经从替代效应和收入效应两方面进行了解释。如果从理论上更深一步考察需求定理或需求曲线负斜率的原因，则涉及西方经济学说的"边际效用价值论"。西方经济学家认为，效用是价格的源泉。一种商品越稀缺，其边际效用越大，价格也越高。当人们消费某种商品时，随着商品数量的不断增加，单位商品对人们的效用不断递减，其价格也因此不断下降，这样就形成需求曲线负斜率的原因或说明了需求定理的内在成因。

在理解需求定理时，要特别注意"在其他条件不变的情况下"这句话。任何一种经济理论都是有条件的，需求定理作为一种经济理论也是以一定的假设条件为前提的。所谓其他条件不变，是指除了商品本身的价格之外，影响需求的其他因素都不变，即需求定理是在假定影响需求的其他因素不变的前提下，研究商品本身价格与需求之间的关系，离开这一前提条件，需求定理就无法成立。如收入发生变化，商品的需求量与价格就不一定呈反方向变动。

（2）需求定理的例外

需求定理是对一般商品而言的，即需求曲线在通常情况下是一条负斜率的曲线，但也有可能出现一些例外的情形。

①某些炫耀性商品。炫耀性商品是用来显示人的社会身份及地位的商品，如珠宝、豪华型轿车等。这种商品价格越高，越显示消费者的地位，需求量也越大；反之，当价格下跌时，这类商品就不再能代表这种社会地位与身份，对它的需求量也就只会减少。

②某些低档商品。这类商品在特定条件下，当价格下跌时，需求会减少；而价格上涨时，需求反而增加。最著名的是以英国经济学家而得名的"吉芬商品"。吉芬发现，在1845年，爱尔兰发生灾荒时，马铃薯的价格上升，需求量反而增加。这种价格上升、需求增加的情况被称为"吉芬之谜"，具有这种特点的商品被称为吉芬商品。

在以上两种情况下，需求曲线均表现为从左下方向右上方倾斜、斜率为正的特征，即价格越高，需求量越大；价格越低，需求量越小。

③某些商品的价格小幅度升降时，需求按正常情况变动；大幅度升降时，人们会因不同的预测而采取不同的行动，引起需求的不规则变化。如证券、黄金市场就常有这种情况。

需要说明的是，我们主要研究一般商品的正常情况。

（二）供给理论

1. 供给和供给量

供给是指企业在一定时期内，在每一价格水平上愿意而且能够提供的商品量。供给也是供给欲望与供给能力的统一。供给能力既可以是当期新生产出来的产品，也可以是存货。应该指出的是，供给不同于某一价格水平或特定价格意义上的供给量，它反映的是价格与企业的供给量这两个变量之间的组合关系。

同样，供给也可分为个别供给和市场供给。个别供给是指单个企业对某种商品的供给。市场供给是指该商品市场中所有供给的总和，即与每一可能售价相对应的每个企业供给量的总和。

与需求概念相似，供给的定义也有两个要点，涉及两个变量。作为经济学中所述的供给，必须同时具备愿意出售和有可供出售的商品或服务两个方面，两者缺一不可。当某种商品或服务显示出有利可图，但如果一个厂商缺少生产这种产品或提供这种服务的技术、工厂、专利或人员，厂商的这种愿望就不是经济学意义上的供给。同样，一个厂商拥有提供某种产品所要求的全部条件，但市场价格过低，厂商如果生产连变动成本都无法弥补时，厂商照样不会向市场提供这种产品，也不构成为市场供给。

供给概念涉及的两个变量是商品或服务的价格及与该价格相对应的供给量。因此，供给反映了厂商的供给量与商品价格这两个变量之间的关系。

2. 供给表和供给曲线

基本供给函数是通过函数关系反映出一种商品的供给量和价格之间的一一对应的关系。供给表则是通过表格的方式直接反映供给随着价格的变化而变化的情况，因而供给表是描述在每一个可能的价格水平下商品供给量的列表。供给表直观地表明了价格和供给量之间的组合关系。

在实际应用中，当价格很低已接近成本时，企业就会停止该商品的供给，这时供给量为0，所以一般来说，供给曲线都与纵轴相交于一个最低价格。供给曲线也不可能无限向右上方延伸，因为社会的购买力有限，企业的生产资源有限，不可能出现无限供给的情况。

供给曲线的形状通常是向右上方倾斜的，表明价格与供给量同方向变动。价格和供给量之间可以是线性关系，也可以是非线性关系。当两者之间存在线性关系时，供给曲线是一条向右上方倾斜的直线，直线上任意一点的斜率都相等，图 3-1 的供给曲线便是如此。而当两者之间存在非线性关系时，供给曲线是一条向右上方倾斜的曲线，曲线上各点的斜率是不同的，图 3-2 就是一般意义上的供给曲线。

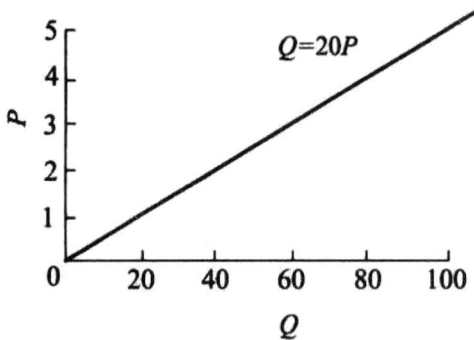

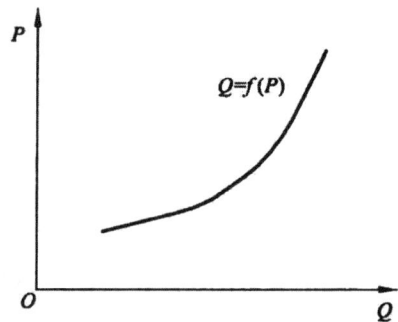

图 3-1　线性供给曲线　　　　图 3-2　一般意义的供给曲线

用解析式反映价格和供给量之间的关系形成供给函数，通过表格的方式反映两者关系形成供给表，通过图形的方法描述两者关系形成供给曲线。其实这是一个问题的三种表述，它们之间并没有本质上的区别。

同样，供给曲线也存在特例。

（1）某种无法再生产的商品

有一些商品即使价格再高，也无法增加供给的数量，比如土地、文物、古玩、名家字画等。

（2）成本下降大于价格下降的商品

生产力随着人类社会的进步而不断进步。某些商品原来只能以手工单件生产或较小规模生产，但随着技术进步，现在可以大规模生产，由于规模经济，成本大幅下降。虽然该商品的价格也在下降，但是其成本下降得更多，所以市场上的供给量反而提高（只要有需求的话）。比如，个人电脑、手机、数码相机等消费类电子产品就具有一定的典型性。

（3）劳动的供给

西方经济学认为劳动也是一种商品。劳动的价格可用工资率来表示。在工资率较低的时候，劳动的供给符合供给定理，随着工资率（劳动价格）的上涨，劳动者愿意牺牲闲暇时间提供更多的劳动。但是当工资率达到一定程度时，闲暇就相对宝贵了。这时候继续提高工资率，劳动者或许就不愿意牺牲更多的闲暇来赚钱，劳动的供给就随着工资率的提高而减少（或者不变），劳动的供给曲线就会表现为向后弯曲。

3. 供给定理

从上述对供给曲线的分析中可以看出，某种商品的供给量与其价格是呈同方向变动的。这种现象普遍存在，被称为供给定理。

（1）供给定理的内容

供给定理是说明商品本身价格与其供给量之间的关系的理论。其基本内容是，在其他条件不变的情况下，某种商品的供给量与价格之间呈同方向变动，即供给量随着商品本身价格的上升而增加，随着商品本身价格的下降而减少。

前面分析的供给曲线，无论是线性供给曲线，还是非线性供给曲线，都说明了这种供给定理。

供给定理表现在供给曲线上，可以看出，供给曲线是一条正斜率的曲线，即曲线从左下方向右上方倾斜，这也是供给曲线的基本特征。供给定理所说明的供给量与价格同方向变动的原因可以从西方经济学的成本理论加以解释。西方经济学家认为，在某种情况下，生产量增加后，生产成本也会增加，因此要求更高的产品价格。这样，生产者为获得更多的利润，才愿意增加成本以增加商品的供给量。

在理解供给定理时，也同样要注意"在其他条件不变的情况下"这个假设前提。这也就是说，供给定理是在假定影响供给的其他因素不变的前提下，研究商品本身价格与供给量之间的关系。离开了这一前提，供给定理就无法成立。例如企业技术水平提高，在商品价格下降的情况下，企业就不一定减少该商品的供给量，那么商品的供给量就不一定与价格同方向变动。

（2）供给定理的例外

供给定理指的是一般的商品规律，即供给曲线在通常条件下是一条正斜率的曲线。当然，这一规律也有例外。

①某些规模经济的产品。这些产品规模较小时，平均成本较高。在大规模生产时，生产技术的发展和规模经营，使成本锐减且大批量供给成为现实，这时虽然商品价格下降，厂商仍愿意供给更多的产品。如对于小汽车的生产，在这种情况下，其供给曲线表现为向右下方倾斜，斜率为负值，同需求曲线形状相同。

②劳动的供给。西方经济学家认为，劳动是一种商品，其价格就是工资率，即单位劳动的工资。当劳动者尚处于较贫困的境地时，工资水平的提高会刺激劳动供给的增加；但当工资水平上升到一定程度后，劳动者感到对货币的需求并不迫切了，工资继续上升，劳动的供给也不会增加，甚至有可能减少，因为劳动者可能认为休息或从事其他文化、教育、娱乐等活动更为迫切、更为重要。于是，其供给曲线会表现为如图 3-3 所示的形状。

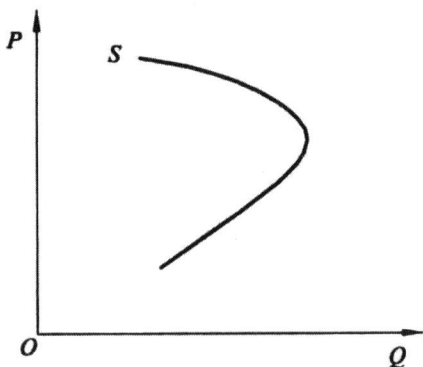

图 3-3　劳动供给曲线

③某些商品的价格小幅度升降时，供给按正常情况变动；某些商品的价格大幅度升降时，人们会因不同的预期而采取不同的行动，尤其是价格上升到一定程度后，或因人们意识到商品的价值后而减少供给，引起供给的不规则变化，如证券、黄金市场常有这种情况。其供给曲线可能表现为如图 3-3 所示的形状或其他不规则形状。

二、市场均衡理论

（一）均衡的形成

我们称市场供给和市场需求相等时的市场状况为市场均衡，而达到市场均衡时的商品价格和商品数量称为均衡价格和均衡数量。一般情况下，只要市场供给曲线和市场需求曲线是已知的，就可以通过下列联立方程求得均衡价格和均衡数量：

$$\begin{cases} Q_D = f(P) \\ Q_S = g(P) \end{cases} \tag{3-1}$$

其中，Q_D 和 Q_S 分别表示市场需求与市场供给。联立方程求得的解 P^* 和 Q^* 就是均衡价格和均衡数量。举例来说，如果 $Q_D = 200 - 2P$，$Q_S = -100 + 3P$，我们就可以建立下面的联立方程：

$$\begin{cases} Q_D = 200 - 2P \\ Q_S = -100 + 3P \end{cases} \tag{3-2}$$

解联立方程，得均衡价格 $P^* = 60$，均衡数量 $Q^* = 80$。

在西方经济学中，一种商品的均衡价格是指该种商品的市场需求量和市场供给量相等时的同一价格。在均衡价格水平下的相等的供求数量被称为均衡数量。从几何意义上说，一种商品市场的均衡出现在该商品的市场需求曲线和市场供给曲线相交的点上，该交点被称为均衡点。均衡点上的价格和相对应的供求量被分别称为均衡价格和均衡数量。

商品的均衡价格是如何形成的呢？

在不存在任何外力干预（政府或垄断企业）的条件下，商品的均衡价格是通过商品市场上需求和供给这两种相反的力量相互作用及其价格波动自发形成的。这可以从两个方面来解释。当市场价格高于均衡价格时，市场出现供大于求的商品过剩或超额供给的状况，在市场自发调节下，一方面会使需求者压低价格来得到他要购买的商品量，另一方面又会使供给者减少商品的供给量。这样，该商品的价格必然下降，一直下降到均衡价格的水平。当市场价格低于均衡价格时，市场出现供不应求的商品短缺或超额需求的状况，同样在市场自发调节下，一方面使需求者提高价格来得到他所需要购买的商品量，另一方面又使供给者增加商品的供给量。这样，该商品的价格必然上升，一直上升到均衡价格的水平。由此可见，当实际价格偏高时，市场上总存在着变化的力量，最终达到市场均衡或市场出清。

（二）均衡的移动

一种商品的均衡价格是由该商品的市场需求曲线和市场供给曲线的交点（固定的供给与需求）所决定的，因而当需求和供给发生变化（需求曲线和供给曲线的位置移动）时，就会使均衡价格发生变动。

1. 需求的变动与需求量的变动、供给的变动与供给量的变动

（1）需求量的变动及其几何表示

需求量的变动是指在其他条件不变时，由某商品的价格变动引起的该商品的需求数量

的变动。在几何图形中，需求量的变动表现为商品的价格——需求数量组合点沿着同一条既定的需求曲线的运动。需要指出的是，这种变动虽然表示需求数量的变化，但是并不表示整个需求状态的变化，因为这些变动的点都在同一条需求曲线上。

（2）需求的变动及其曲线的移动

需求的变动是指在某商品价格不变的条件下，由其他因素的变动引起的该商品的需求数量的变动。这里的其他因素变动是指消费者的收入水平变动、相关商品的价格变动、消费者偏好的变化和消费者对商品的价格预期的变动等。在几何图形中，需求的变动表现为需求曲线的位置发生移动。以图 3-4 加以说明。

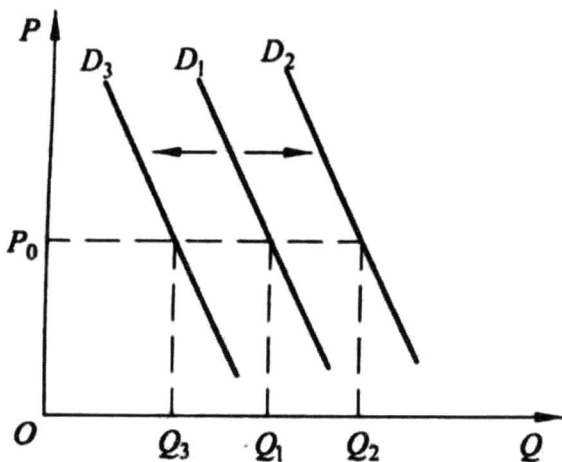

图 3-4   需求的变动和需求曲线的移动

图中原来的需求曲线为 D_1，在商品价格不变的前提下，如果其他因素的变化使得需求增加，则需求曲线向右平移，如由图中的 D_1 曲线向右平移到 D_2 曲线的位置。如果其他因素的变化使得需求减少，则需求曲线向左平移。由需求变动引起的这种需求曲线位置的移动，表示在每一个既定的价格水平，需求数量都增加或减少了。例如，在既定的价格水平 P_0，原来的需求数量为 D_1 曲线上的 Q_1，需求增加后的需求数量为 D_2 曲线上的 Q_2，需求减少后的需求数量为 D_3 曲线上的 Q_3。而且，这种在原有价格水平上所发生的需求增加量 Q_1Q_2 和需求减少量 Q_3Q_1 都是由其他因素的变动引起的。譬如，它们分别是由消费者收入水平的提高和下降引起的。显然，由需求的变动引起的需求曲线的位置的移动，表示整个需求状态的变化。

（3）供给量的变动及其几何表示

供给量的变动是指在其他条件不变时，由某商品的价格变动引起的该商品供给数量的变动。在几何图形中，这种变动表现为商品的价格——供给量组合点沿着同一条既定的供给曲线的运动。

（4）供给的变动及其供给曲线的移动

供给量的变动和供给的变动都是供给数量的变动，它们的区别在于引起这两种变动的因素是不相同的，而且，这两种变动在几何图形中的表示也是不相同的。

供给的变动是指在商品价格不变的条件下，由其他因素变动引起的该商品供给数量的变动。这里的其他因素变动可以是生产成本的变动、生产技术水平的变动、相关商品价格的变动和生产者对未来的预期的变化等。在几何图形中，供给的变动表现为供给曲线的位置发生移动。如图 3-5 所示。

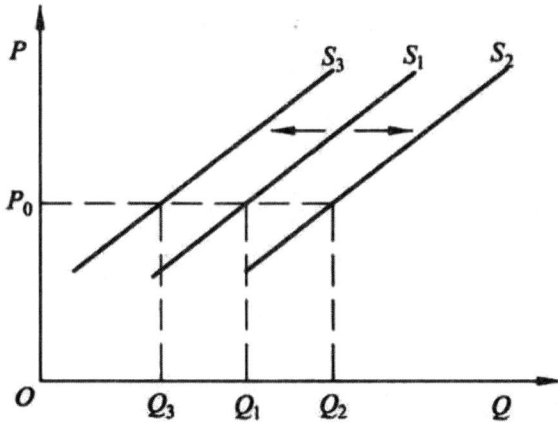

图 3-5 供给的变动和供给曲线的移动

图 3-5 表示的是供给的变动。在图中原来的供给曲线为 S_1。在除商品价格以外的其他因素变动的影响下，供给增加，则使供给曲线由 S_1 曲线向右平移到 S_2 曲线的位置；供给减少，则使供给曲线由 S_1 曲线向左平移到 S_3 曲线的位置。由供给的变化引起的供给曲线位置的移动，表示在每一个既定的价格水平供给数量都增加或减少了。例如，在既定的价格水平 P_0，供给增加，使供给数量由 S_1 曲线上的 Q_1 上升到 S_2 曲线上的 Q_2；相反，供给减少，使供给数量由 S_1 曲线上的 Q_1 下降到 S_3 曲线上的 Q_3。这种在原有价格水平上所发生的供给增加量 Q_1Q_2 和减少量 Q_3Q_1，都是由其他因素变化带来的。譬如，它们分别是由生产成本下降或上升引起的。很清楚，由供给的变动引起的供给曲线位置的移动，表示整个供给状态的变化。

2. 需求的变动和供给的变动对均衡价格和均衡数量的影响

（1）需求变动的影响

在供给不变的情况下，需求增加会使需求曲线向右平移，从而使均衡价格和均衡数量都增加，需求减少会使需求曲线向左平移，从而使得均衡价格和均衡数量都减少。

（2）供给变动的影响

在需求不变的情况下，供给增加会使供给曲线向右平移，从而使得均衡价格下降，均衡数量增加；供给减少会使供给曲线向左平移，从而使得均衡价格上升，均衡数量减少。如图 3-6 所示。

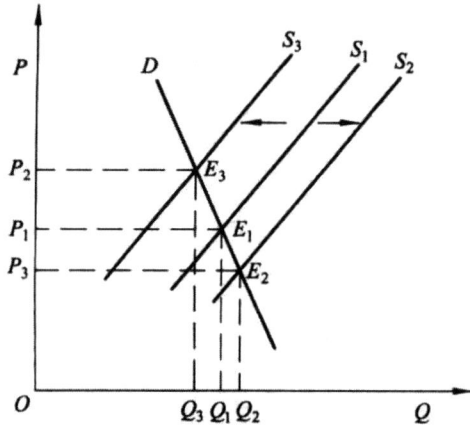

图 3-6　供给的变动和均衡价格的变动

综上所述，可得出结论：在完全竞争市场上，在其他条件不变的情况下，需求变动分别引起均衡价格和均衡数量的同方向的变动；供给变动分别引起均衡价格的反方向的变动和均衡数量的同方向的变动。竞争市场上，实际价格趋向于供求相等的均衡价格的状况被称为供求定理。

（3）需求和供给同时发生变动对均衡的影响

商品的均衡价格和均衡数量的变化是难以确定的，这要结合需求和供给变化的具体情况来决定。以图 3-7 为例进行分析。

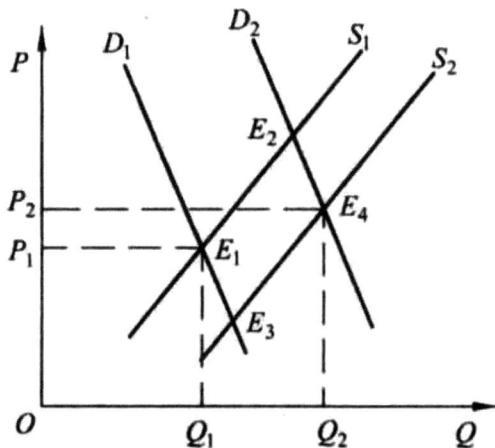

图 3-7　需求和供给的同时变动

　　假定由消费者收入水平上升引起的需求增加，使得需求曲线向右平移；同时，由厂商的技术进步引起供给增加，使得供给曲线向右平移。比较 S_1 曲线分别与 D_1 曲线和 D_2 曲线的交点 E_1 和 E_2，可见，由收入水平上升引起的需求增加，使得均衡价格上升。再比较 D_1 曲线分别与 S_1 曲线和 S_2 曲线的交点 E_1 和 E_3，可见，由技术进步引起的供给增加，使得均衡价格下降。最后，这两种因素同时作用下的均衡价格，将取决于需求和供给各自增长的幅度。由 D_2 曲线和 S_2 曲线的交点 E_4，可得由于需求增长的幅度大于供给增加的幅度，所以最终的均衡价格是上升了。

（三）供求定理

　　既然市场均衡是由市场需求和市场供给共同决定的，那么因为非价格因素发生变动，引起两者之间的任意一方发生变化或两者同时变化，都会导致市场均衡点的变动。

　　一般来说，在竞争市场上，市场价格向供求相等的均衡价格收敛的状况被称为供求定理。在供给不变的情况下，需求变动分别引起均衡价格与均衡数量的同方向变动；在需求不变的情况下，供给变动分别引起均衡价格的反方向变动和均衡数量的同方向变动。

　　供求定理基本可分解为四个方面：

　　（1）需求的增加引起均衡价格的上升和均衡数量的增加。

　　（2）需求的减少引起均衡价格的下降和均衡数量的减少。

　　（3）供给的增加引起均衡价格的下降和均衡数量的增加。

　　（4）供给的减少引起均衡价格的上升和均衡数量的减少。

　　总之，需求的变动与均衡价格和均衡数量同方向变动；供给的变动与均衡数量同方向变动，而与均衡价格反方向变动。

第二节　消费者行为

　　市场中的需求取决于消费者，主要由消费者行为决定。研究消费者行为的基本目的是判断和分析消费者的需要和欲望，分析需求曲线背后隐藏的经济原因，探究收入与需求之间的关系，引进弹性概念，即衡量需求量对价格和收入变化反应程度的工具，使企业的管理者能够据此制定正确的价格决策、市场营销决策和对销售情况做出正确的预测。

一、消费者、生产者与市场

（一）消费者

消费者（Consumer），科学上的定义是：消费者为食物链中的一个环节，代表着不能生产，只能通过消耗其他物质来达到自我存活的生物。从法律意义上讲，消费者是为个人目的而购买或使用商品和接受服务的社会成员。简单地理解，消费者就是使用、消耗产品或服务的人。

在经济学中，消费者是指具有消费预算（Budget），能够做出统一消费决策的单个经济单位。消费者可能是个人（Individuals），也可能是家庭（Households）。有关消费者行为最基本的假定是消费理性，即消费者总是反复权衡、比较，在有限的支出下做出获得最大满足的最优购买决策。

（二）生产者

生产者，英文为 producer。在生态系统中，生产者是能利用简单的无机物合成有机物的自养生物。在经济学中，生产者也称企业或厂商，是指能够做出统一生产和销售决策的单个经济单位。生产者可以是生产产品的企业，也可以是提供服务的企业。因此，生产者可以是工厂、农场、银行甚至医院、学校等。作为一种经济决策单位，除了消费者与政府以外，其余的经济组织都是生产者。

在生产者行为的分析中，一般假定生产者或企业具有生产理性，其目标是追求利润最大化。生产者或企业要实现利润最大化，必须把各种生产要素（土地、劳动力、资本和企业家才能等）组织起来，经过一系列生产转换过程，为消费者提供产品或服务。

生产者的目标有短期和长期之分。在经济学中，短期是指生产者来不及调整全部生产要素，因而至少有一种生产要素的数量固定不变的一段时期。在短期内，某些生产要素，例如机器设备、厂房以及具有特殊技能的工人或管理者等，企业无法进行调整，视他们为固定不变的要素，这些要素就是不变投入；另外一些生产要素，如劳动力、原料等，企业可以根据需要随时调整它们的数量，这些要素就是可变投入。长期是指生产者可以调整全部生产要素数量的时期。在长期经营中，企业可以根据需要随时调整所有生产要素的投入数量，因而所有的投入都是可变投入。例如，可以根据需要增加或减少厂房和机器设备的数量，甚至可以进入其他行业或退出现有行业。

（三）市场

市场（market），起源于古时人类对固定时段或地点进行交易的场所的称呼，这类交易场所是那些需要经常进行物品交换的人，为了减少搜寻成本所自发形成的。这里的"市"指的并非"城市"，而是"买卖""交易"的意思。

经济学上，"市场"一词不仅指交易场所，还包括买卖双方在此场所进行交易的行为。因此，市场常常被表述为商品交换关系的总和，是体现供给与需求之间矛盾的统一体。供给方代表的是卖方、生产者，需求方代表的是买方、消费者，卖方想高价卖，而买方想低价买，这在客观上是一对矛盾。这种矛盾在市场上又必须统一，因为只有统一了，卖方和买方各自的销售和采购愿望才能实现。

市场从不同角度，可以划分为不同的类型。其中按商品的基本属性可划分为商品市场和要素市场。商品市场包括消费品市场和工业品市场；要素市场指进行生产要素交易的市场，包括资本市场、劳动力市场、房地产市场和技术信息市场等。按交易对象是否具有物质实体，市场可以分为有形的产品市场和无形的服务市场。按竞争或垄断的程度来分，市场可以分为完全竞争市场、完全垄断市场、垄断竞争市场和寡头垄断市场。

（四）消费者、生产者与市场之间的经济联系

市场经济中的经济决策单位由消费者和生产者组成：生产者投入劳动力、土地和资本（用于购买厂房和生产设备）等生产要素来生产产品和服务；消费者则拥有生产要素并消费生产者生产的所有产品和服务。

消费者和生产者在两类市场上相互交易。在产品和服务市场上，消费者是买方，而生产者是卖方，消费者购买生产者生产的产品与服务。在生产要素市场上，消费者是卖方，而生产者是买方。在这个市场上，消费者向生产者提供用于生产产品与服务的投入。

二、消费者理论

消费者理论研究的是消费行为规律，其重点是消费者选择理论。消费者理论包括：效用理论、有用性理论、需求理论、消费者选择理论等一系列理论。

消费者理论是经济学大厦的基石，任何重要的经济学理论背后都有消费者理论的影子。从而，构建符合消费者行为实际情况的消费者理论，是经济学家们共同努力的目标。

（一）效用理论

效用是指消费者消费商品获得的满足，是消费者对商品的主观评价。

效用论用于分析消费者如何在满足人不同需要的商品之间做出选择，例如，消费者如何在棉衣和面包之间做出选择。效用论不用于分析消费者如何在满足相同需要的商品之间的选择，例如消费者如何在面包 A 和面包 B 之间做出选择，因为此时分析的价值十分有

限。满足相同需要的商品之间的选择，采用有用性理论来分析效果要好得多。

效用论分基数效用论和序数效用论。

基数效用论认为消费者消费商品获得的满足可以用一个数量来表示，例如，吃一个鸡蛋获得的满足为 10，看一场电影获得的满足是 12，从而，看一场电影比吃一个鸡蛋划算。

序数效用论认为消费者消费商品获得满足无法用一个数量来表示，而只能排序。例如，消费者知道看一场电影获得的效用比吃一个鸡蛋获得效用高，但是效用具体数量则不得而知。

效用论用以分析消费者在满足不同需要的商品之间的选择。例如，消费者如何在鸡蛋和电影之间做出选择，消费者如何在棉衣和面包之间做出选择。

效用论认为，消费者在满足人不同需要的商品之间做出选择时，消费者追求的是效用最大化。在商品的边际效用之比与商品价格之比相等时，消费者实现了效用最大化。

（二）有用性理论

有用性是指商品具有的满足消费者某种需要的能力。商品有用性是商品本身具有的客观的能力，可以采用物理、化学等科学方法准确测量。

有用性用于分析消费者在满足相同需要的商品之间的选择行为。例如，有用性可用于分析消费者在两个面包中选择哪一个更好，分析消费者在两件棉衣中选择哪一件更好。有用性不能用于分析消费者在满足人不同需要的商品之间的选择行为，因为满足人不同需要的商品之间有用性不具有可比性。例如，有用性不能用于分析消费者在一个面包和一件棉衣选择哪个会更好。

满足相同需要的商品之间，可以比较有用性的高低，满足不同需要的商品之间，有用性不具有可比性。

有用性分基数有用性和序数有用性。

基数有用性是指商品的有用性可用一个数量来表示。例如，如果甘蔗仅用于榨取蔗糖，那么，对甘蔗而言，基数有用性就成立。我们可以用蔗糖含量表示甘蔗的有用性。甘蔗 A 的蔗糖含量为 600 克/株，甘蔗 B 的蔗糖含量为 300 克/株，甘蔗 A 的有用性是甘蔗 B 的 2 倍。

序数有用性是指商品有用性的高低可以比较出来，但是无法用一个数量来表示商品的有用性。例如，离市中心越近的住房越好，住房 A 离市中心 1000 米，住房 B 离市中心 1500 米，我们知道住房 A 比住房 B 好，住房 A 的有用性比住房 B 高，但是我们无法用一个数量代表住房 A 和住房 B 的有用性具体是多少。

有用性论认为，消费者购买商品时，追求有用性与价格之比最高，也即人们常说的性能价格比最高。例如，甘蔗 A 蔗糖含量为 600 克/株，价格 3 元/株；甘蔗 B 蔗糖含量为 500 克/株，价格 2 元/株。此时消费者应该购买甘蔗 B，因为甘蔗 B 的有用性与价格之比为 250 克/元，高于甘蔗 A 的 200 克/元。

（三）消费者的需求

消费者的需求分为消费者的有效需求和消费者实际需要两个不同的概念。

1. 消费者的有效需求

消费者的有效需求（简称消费者需求），是指在一定的价格之下，消费者愿意购买的商品数量。例如，对于某个消费者而言，如果大米 3 元/斤时，消费者每天愿意购买 1 斤，那么消费者对大米的有效需求就是 1 斤。而当大米 5 元/斤时，消费者愿意购买 0.7 斤，此时消费者的有效需求是 0.7 斤。

消费者的有效需求用于分析商品价格不同时商品的销量。

2. 消费者的实际需要

消费者的实际需要（简称消费者需要）是指假设价格为 0，消费者所需要的商品的数量。例如，当婴儿床价格为 0 时，某家庭需要的婴儿床为 1 个，超过 1 个的婴儿床，这个家庭也不需要。

消费者的实际需要用于分析消费者生活中对商品的实际需求。例如，某消费者一天所需的商品数量为水 1.5 升、食物 3 公斤、汽车 1 辆、房屋一栋、床 1 个等。

（四）选择行为理论

1. 消费者在满足不同需要的商品间选择

例如，棉衣 10 元一件，面包 2 元一个。消费第 1、第 2、第 3 件棉衣的效用分别是 20、10、3。消费第 1、第 2、第 3、第 4 个面包的效用是 7、5、2、1。消费总共 26 元钱，消费者将如何花？

此时，消费者将购买 2 件棉衣和 3 个面包，此时消费花光了所有的钱，实现了最大效用 44。此时，购买最后一件棉衣花了 10 元钱，得到 10 个效用，1 元钱买到 1 个效用，购买最后一个面包花了 2 元钱，得到 2 个效用，最后 1 元钱也得到了 1 个效用。

无差异曲线是分析消费者在满足不同需要的商品间进行选择的分析工具之一。

在一个有两种满足消费者不同需要的商品平面上，让消费者觉得无差异的一系列点组成的曲线，成为无差异曲线。无差异曲线与预算线的切点，就是消费者满足最大化的点。

2. 消费者在满足相同需要的商品间选择

消费者在满足相同需要的商品间选择时，消费者追求有用性与价格之比最高，也即人们常说的性能价格比最高。

例如，甘蔗 A 蔗糖含量为 600 克/株，价格 3 元/株；甘蔗 B 蔗糖含量为 500 克/株，价格 2 元/株。此时消费者应该购买甘蔗 B，因为甘蔗 B 的有用性与价格之比为 250 克/元，高于甘蔗 A 的 200 克/元。

第三节　生产函数与生产要素

一、生产的含义

经济学对生产的论述一般把一个企业的决策变量划分为投入和产出两大类。所谓生产，是指将投入变为产出的行为或活动。显然，要理解经济学意义上的"生产"的含义，必须把握"投入"和"产出"这两个基本概念及其内涵。

所谓投入，是指生产过程中所使用的一切生产要素，它包括劳动、土地、资本以及企业家才能四大类。劳动是指生产活动中人类一切体力和智力的消耗。土地泛指一切自然资源，包括陆地、海洋、大气、矿藏、森林、水力等。资本是指用于生产过程中的一切人工制成品，如机器、厂房、工具、能源、原材料等，还包括其他一些有助于商品和劳务生产和销售的无形资产，如商标、商誉、专利、技术诀窍等。要特别注意的是，尽管计划用于资本品投资的货币属于资本的形态之一，但一般意义的货币不是这里所定义的资本。企业家才能是指企业管理人员利用上述劳动、土地、资本等生产要素进行生产和经营的组织能力、管理能力、创新能力和冒险精神等。在上述四类生产要素中，劳动和企业家才能是两个特殊要素，其作用的大小及发挥不能像土地、资本那样，简单地用市场价格来衡量。因为劳动以及作为一种专业化的特殊人力资源——企业家才能，其全部生产潜力的发挥，与工人和管理者的积极性密切相关。但无论如何，在现代市场经济竞争日趋激烈的时代，企业生产中的人力要素尤其是企业家才能的作用越来越重要。

所谓产出是指生产出来的结果，即经过生产过程所获得的物质产品或劳务。前者既包括直接用于满足人们消费需要的消费品，又包括用于生产过程中的资本品；后者泛指为生产或生活提供的各种服务。在生产函数分析中，产出也可称作产量或产品，除非特别说明，这几个概念可相互通用。

二、生产函数

生产过程是将投入变为产出的过程，因而投入与产出之间必然存在着一种依存关系。在一定的技术条件下，生产要素的投入量不同，其产出量亦不相同，两者呈现出一一对应关系。生产函数正是表示在一定时期内和一定的技术条件下，生产要素的投入量的某种组合与它所能生产出来的最大产量之间的依存关系。简而言之，产出是投入的函数。如果以 Q 表示上述界定中的最大产量，L 代表劳动，K 代表资本，N 代表土地，E 代表企业家才能，则生产函数可表述为：

$$Q = f(L, K, N, E) \tag{3-3}$$

可见，产出应是各种要素投入的多元函数。但在分析中，土地一般被视作常数，企业家才能难以准确计量。为方便起见，我们通常把各种生产要素合并为两大类，即劳动与资本，因而生产函数通常被表示为：

$$Q = f(L, K) \tag{3-4}$$

在理解生产函数的概念时必须注意几点：

1. 生产函数所反映的是一定技术条件下投入和产出之间的数量关系。任何一种生产函数都是相对于某一既定的技术条件而言的，即生产函数是由企业当时可利用的技术状况决定的。事实上，技术的进步势必引起产出的变化，有时这种变化是十分巨大的，这时我们不妨理解为技术条件的改变已引起了函数关系的改变，即产生了新的生产函数。

2. 不同企业的投入要素的利用率有高有低，即使是同一企业在不同时期，其投入要素的利用率也是有差异的，因而一定数量的投入所得到的产出未必相同。为此，我们假定企业要素的利用率是高效的且相当稳定的，因而一定数量的投入总能得到最大可能的产出。

3. 生产函数是一个工程概念，它不是从经济理论中推导演绎出来的，而是从大量生产实践中总结出来的。生产函数所反映的投入物与产出物之间的物质数量关系在任何企业都是客观存在的，即使是在非营利的经济组织也不同程度地存在。

另外，在生产函数的分析中，技术系数和时间概念具有非常重要的意义。企业在生产不同产品时，各种要素投入的配合比例是不一样的。所谓技术系数，就是指为生产一定数量的某种产品所需要的各种生产要素的配合比例。如果上述配合比例是可以改变的，称为可变技术系数。具有可变技术系数的生产函数适用于短期分析，它表明生产要素之间可以相互替代，即此种情况下可用一种生产要素代替另一种生产要素的方法去生产同量的产品。如果生产某种产品所需要的各种生产要素的配合比例不能改变，则称固定技术系数。具有固定技术系数的生产函数适用于长期分析，它表明各种生产要素之间不能相互替代，即此种情况下，要扩大或减少产量就必须使各种生产要素同时同比例地增加或减少。

在生产函数的分析中，一般按考察期内是否存在固定投入要素将时间概念划分为短期和长期。短期是指考察期内有些生产要素投入量可以改变，而另一些生产要素投入量不可改变的时期。投入量可以改变的生产要素称为可变要素，如原材料、劳动力等；投入量不可改变的生产要素则称为固定要素，如机器设备、厂房等。长期是指在考察期内所有生产要素投入量都可以改变的时期。要特别指出的是，短期和长期是两个相对的时间概念，它们之间并没有一个绝对的量的界限，但有一个确定的划分标准，即在考察期内企业能否改变生产要素的投入量，或是否存在固定要素。对于不同的行业、企业而言，由于其生产要素的组合方式不同，所以短期和长期的量度也就各不相同。

三、生产要素市场理论

（一）生产者对生产要素的需求

在生产要素市场中，需求者是生产者或厂商，供给者是消费者或居民，这与产品市场的供给者和需求者刚好相反。生产者对生产要素的需求可以分为引致需求和联合需求。

1. 引致需求

生产者对各种生产要素（资本、土地、劳动、企业家才能）的需求是从消费者对最终消费品的需求间接派生出来的，这是一种"引致需求"或"派生需求"。也就是说，当追求利润最大化的生产者需要一种生产要素时，对该要素需求的根本原因在于该要素可以生产出消费者愿意购买的商品。

引致需求反映了生产要素市场和产品市场之间的联系。生产者对生产要素的需求量很大程度上取决于消费者对使用该生产要素所产出产品的需求量。在这种情况下，消费者的需求曲线肯定会影响生产要素的价格。同时，生产者在产品市场和生产要素市场上所处的市场状态（如竞争、垄断等）也会影响生产要素的需求和价格。

2. 联合需求

联合需求是生产者对生产要素的需求具有相互依赖性，各种生产要素要共同发挥作用才能生产最终产品。联合需求的一个重要后果是，对每一种生产要素的需求数量将取决于所有生产要素的价格，同时受到其他生产要素需求数量的影响；反过来这种生产要素的需求量和价格也会影响其他生产要素的需求。在联合需求状态下，各生产要素之间存在互补性和替代性。

（二）生产要素的使用原则分析

1. 与要素使用原则相关的概念

与生产者使用生产要素原则相关的概念包括边际物质产品、边际收益产品、边际产品价值、边际要素成本、平均要素成本。

边际物质产品也称边际产量，是指增加单位要素投入得到的产量增量。以 MPP 表示边际物质产品，ΔL 表示要素投入的增加量，ΔQ 表示总产量的增加量，则边际物质产品的计算公式为：

$$MPP = \frac{\Delta Q}{\Delta L} \tag{3-4}$$

边际收益产品是指增加单位要素使用得到的收益增量。边际收益产品等于要素的边际物质产品 MPP 和边际收益 MR 的乘积，即：

$$MRP = MPP \times MR \tag{3-5}$$

边际产品价值是指增加单位要素投入得到的价值增量，它等于边际物质产品乘以产品价格。以 VMP 表示边际产品价值，P 表示产品价格，则其计算公式为：

$$VMP = MPP \times P \tag{3-6}$$

边际要素成本是指增加单位要素投入得到的成本增量，它等于边际物质产品乘以边际成本。以 MFC 表示边际要素成本，ΔC 表示要素成本的增加量，则其计算公式为：

$$MFC = \frac{\Delta C}{\Delta L} = MPP \times MC \tag{3-7}$$

由于企业利润最大化的条件是 MR＝MC，所以此时 MRP＝MFC。

平均要素成本是指平均每单位要素投入的成本。以 AFC 表示平均要素成本，C 表示投入要素的总成本，L 表示投入要素的总量，则其计算公式为：

$$AFC = \frac{C}{L} \tag{3-8}$$

2. 生产要素的使用原则

生产者使用要素的目的是生产出消费者需要的产品，以获取最大利润。也就是说，生产者使用要素的原则是指在一定时间内，在一定条件下，根据企业内部的生产状况和市场情况，确定要素使用量，以实现利润最大化，即边际要素成本＝边际收益产品（MFC＝MRP）。

生产者利润最大化的条件是 MFC＝MRP，主要通过以下两种情形进行分析：

当 MRP＞MFC 时，表示每增加一个单位的要素投入，给生产者带来的收益会大于给生产者带来的成本，于是生产者就会使用更多的要素，直至 MRP＝MFC。

当 MRP<MFC 时，表示每增加一个单位的要素投入，给生产者带来的成本会大于给生产者带来的收益，于是生产者就会减少要素的投入，直至 MRP＝MFC。

综上所述，MFC＝MRP 是生产者使用生产要素的原则。

第四节 成本理论与利润最大化

一、成本理论

（一）成本与成本函数

1. 成本

（1）会计成本与机会成本

会计成本又称生产费用，是生产过程中企业对所购买的各种生产要素的货币支出。换言之，会计成本是企业在生产经营过程中所支付的物质费用和人工费用。

机会成本也称经济成本，是指企业利用一定的资源获得某种收入时所放弃的其他可能的最高收入。或当一种生产要素被用于生产每单位某产品时所放弃的使用相同要素在其他生产用途中所得到的最高收入。

（2）显性成本与隐性成本

显性成本是企业总成本的组成部分，是指企业购买或租用的生产要素的货币支出，是会计账目上作为成本项目入账的各项费用支出。隐性成本是总成本的又一组成部分。隐性成本是指企业本身所拥有的并且被用于该企业生产过程的那些生产要素的总价格。换句话说，隐性成本是企业自己拥有并使用的资源的成本，因此，从这个意义上说它也是一种机会成本，应该从机会成本的角度按照企业自有生产要素在其他用途中所得到的最高收入来支付和计算。

（3）沉没成本与增量成本

沉没成本是指已经发生且不能收回的成本，或者是不因生产决策而改变的成本。增量成本是由于某项生产决策而产生的相关成本，是总成本的增量。它主要是企业新增加产量而带来的费用，也就是变动成本。

（4）会计利润与经济利润

会计利润是企业销售产品的总收益与会计成本的差额。其计算公式为

$$会计利润＝总收益－会计成本（显性成本） \tag{3-9}$$

经济利润是指企业的总收益和总成本的差额。经济利润称超额利润，也可简称为利润。企业所追求的最大利润，指的就是最大经济利润。

经济利润＝总收益－经济成本（机会成本）

＝总收益－（显性成本＋隐性成本）＝会计利润－隐性成本　　　（3-10）

＝会计利润－正常利润

2. 成本函数

成本函数是表示企业总成本与产量之间关系的函数。由于考察时期不同，成本函数可分为短期成本函数和长期成本函数。

短期内劳动力数量通常是可以改变的投入，而资本设备则是固定不变的投入。短期即生产时间很短，在这种条件下会有一种或几种生产要素的数量固定不变，因此，也就有了固定成本和可变成本之分。如果以 C 表示总成本，q 表示产量，b 表示固定成本，短期成本函数可表示为：

$$C = b + f(q) \qquad\qquad (3-11)$$

长期是指企业在这段时间内可以调整生产要素，因此，一切生产要素在长期条件下都是可变的，这样长期成本中就没有固定成本，一切成本都是可变的。长期成本函数为：

$$C = f(q) \qquad\qquad (3-12)$$

从含义上看，短期成本函数和长期成本函数的区别就在于是否有固定成本和可变成本之分；从函数计算公式上看，二者的区别在于是否含有常量。短期成本函数具有常量，长期成本函数没有常量。

（二）短期成本函数分析

长期成本由于可变因素太多，函数会变得相当复杂，因此，这里仅对一种要素变动的短期成本函数进行分析。

1. 短期成本相关概念

短期总成本可以分为固定成本和可变成本，这就涉及总成本、总固定成本和总可变成本三者的关系和区别。

总固定成本（TFC）是指在短期内不随产量增减而变动的成本，包括厂房和设备的折旧、管理人员的工资费用等。

总可变成本（TVC）是指随着产量变动而变动的成本，包括原材料、燃料和动力、生产工人的工资费用等。

总成本（TC）是指企业在短期内生产一定量产品所需要的成本总和。即：

$$TC = TFC + TVC \qquad (3-13)$$

平均成本（ATC）又称为平均总成本，即单位产品成本，是总成本除以总产量所得的结果。平均成本也分为平均固定成本（AFC）与平均可变成本（AVC）。其中，平均固定成本是平均每一单位产品所消耗的固定成本；平均可变成本是平均每一单位产品所消耗的可变成本。平均成本的计算公式为：

$$ATC = \frac{TC}{Q} = AFC + AVC \qquad (3-14)$$

$$AFC = \frac{TFC}{Q} \qquad (3-15)$$

$$AVC = \frac{TVC}{Q} \qquad (3-16)$$

边际成本（MC）是指增加一个单位产量时总成本的增加额。其计算公式为：

$$MC = \frac{\Delta TC}{\Delta Q} \qquad (3-17)$$

2. 决定短期成本变动的主要因素

决定短期成本变动的主要因素包括劳动力、资本等生产要素的价格以及生产率。

（1）生产要素的价格对短期成本变动的影响。一般情况下，在其他条件不变时，工资和原材料、机器设备等生产资料的价格以及租金的提高，会导致成本的相应提高。

（2）生产率对短期成本变动的影响。生产率是指总产出对加权平均投入的比率，可以用劳动生产率和全要素生产率表示。劳动生产率即平均产量，也就是每单位劳动的产量或产出。全要素生产率即每单位总投入（劳动力投入和资本投入）的产量或产出。一般情况下，在其他条件不变时，生产率提高就会导致生产成本的下降，而生产率下降则会导致成本的上升。

（三）长期成本分析

在长期内，由于企业投入的所有生产要素都是可变的，因而长期成本分析包括长期总成本、长期平均成本和长期边际成本的分析。

1. 长期总成本

长期总成本是指企业在长期中，在每个产量水平上通过选择最优的生产规模所能达到的最低总成本。

长期总成本函数表示产量与长期总成本的关系。

长期总成本曲线是无数短期总成本曲线的包络线。它从短期总成本曲线的下方包络众多短期总成本曲线。长期总成本曲线从原点出发向右上方倾斜，其经济含义表示：长期总成本随着产量的增加而增加。长期总成本曲线的斜率先递减，经过拐点后变为递增。（原因是规模报酬的作用。）

2. 长期平均成本

长期平均成本曲线是无数条短期平均成本曲线的包络线。其表示企业在长期内在每一产量水平上可以实现的最小的平均成本。长期平均成本曲线并不是由许多短期平均成本曲线的最低点组成的。每条短期平均成本曲线与长期平均成本曲线不相交但相切，并且只有一个切点，从而形成一条包络曲线。之所以这样，是为求降低成本而选择生产规模的结果。

长期平均成本曲线是先降后升的 U 形曲线，与短期平均成本曲线相似，但二者的原因是不同的。长期平均成本曲线呈 U 形是由规模经济与规模不经济造成的；而短期平均成本曲线呈先降后升的 U 形是由要素的边际报酬递减规律造成的。

二者的形状也有区别，长期平均成本曲线无论是在下降时还是上升时都比较平缓，这说明在长期中平均成本无论是减少还是增加都变动较慢。这是由于在长期中全部生产要素可以随时调整，从规模收益递增到规模收益递减有一个较长的规模收益不变阶段，而在短期中，规模收益不变阶段很短，甚至没有。

3. 长期边际成本

长期边际成本曲线也呈 U 形，当长期边际成本小于长期平均成本时，长期平均成本曲线处于下降阶段；当长期边际成本大于长期平均成本时，长期平均成本曲线处于上升阶段；当长期边际成本等于长期平均成本时，长期平均成本曲线达到最低点。

二、企业利润最大化

企业要实现利润最大化，就要通过比较付出的成本和获得的收益来决定生产规模的大小。

（一）总收益、平均收益和边际收益

总收益（TR）是企业生产并销售一定数量的产品或提供一定数量的服务而得到的收入总额，或者称为全部销售收入。如果企业只生产一种产品，其总收益就是产品销量（Q）与其价格（P）的乘积，即

$$TR = PQ \tag{3-18}$$

平均收益（AR）是单位销售量的收益，即

$$AR = TR/Q = P \qquad (3-19)$$

可以看出，平均收益就是单位产品的价格。

边际收益（MR）是企业增加销售一单位产品而获得的总收益的增量。可用公式表示为：

$$MR = \frac{\Delta TR}{\Delta Q} \qquad (3-20)$$

（二）利润最大化原则

在经济学中，假设企业的目标是追求利润最大化，即获得超额利润。

$$利润 = 总收益 - 总成本 \qquad (3-21)$$

利润（π）也可以用函数关系表示为：

$$\pi(Q) = TR(Q) - TC(Q) \qquad (3-22)$$

利润最大化必须满足：

$$\frac{\mathrm{d}\pi}{\mathrm{d}Q} = \frac{\mathrm{d}TR}{\mathrm{d}Q} - \frac{\mathrm{d}TC}{\mathrm{d}Q} = 0 \qquad (3-23)$$

由此推出，企业实现利润最大化的条件是 MR = MC，即边际收入等于边际成本。

从长期看，企业的目标是企业长期利润最大化，即价值最大化。企业价值是企业未来预期现金流量的现值之和。企业价值（EV）可用公式表示为：

$$EV = \frac{\pi_1}{1+r} + \frac{\pi_2}{(1+r)^2} + \cdots + \frac{\pi_n}{(1+r)^n} = \sum_{t=1}^{n} \frac{\pi_t}{(1+r)^t} \qquad (3-24)$$

第四章 事业单位经济管理与创新模式

第一节 科技与文化事业管理

一、科技事业管理

(一) 科技事业活动的分类

科学技术研究活动是由无数具体的科学技术事业产品构成的,对现代社会发展有着重要的推动作用。在现代社会中,科学技术研究活动既可以按其研究的性质进行分类,也可以按其活动的目的和功能进行划分。

1. 科技事业活动从研究本身分类

科技事业活动从研究本身的性质来看,可以分为以下四类。

(1) 基础科学研究

基础科学研究也就是人们平常所说的科学研究,主要是对自然科学中的基本问题和基础理论进行研究。与具体的技术研究相比较,基础科学研究提供的是物化的可能,它是科技与经济发展的源泉和后盾,是新发明或技术研究的先导。这一类研究活动的特点是它的研究成果难以在短时间内实现商品化,无法推向市场,却又是社会生存与发展必需的东西。

(2) 人文社会科学研究

人文社会科学研究关注和解决的是人类自身的知识和文化发展,以及整个社会政治、经济和文化的发展问题。其中,除可以将社会科学研究中的一些属于软科学、行为科学研究和微观经济研究的成果直接为企业等应用外,还有对公众整体的和社会存在与发展的研究。

(3) 应用技术研究

应用技术研究类科技活动主要是应用技术研究,就其特性而言,即我们平常所说的技术发明活动。应用技术研究是在一定的基础科学研究的基础上,根据现实的需求综合利用知识,将科学研究提供的物化可能变为现实。这一类研究活动的特点是为满足社会现实的需要,产品比较容易商业化,并且可以通过市场来提供。

（4）公益性研究和技术推广

公益性研究主要是指一些涉及公众整体利益的技术研究和运用，如气象服务、灾害等方面的技术和研究等。技术推广主要是指涉及公众利益和社会整体经济发展的技术，如农业方面的种子改良技术等，这类技术是社会发展的一种基础性需求。从某种程度上来看，公益性研究和技术推广都属于技术研究或者技术发明的范畴，但是由于它们涉及公众的共同利益和社会发展的基本需求，难以实现或不能市场化。

2. 科技事业活动按目的与功能分类

在不同的科技事业产品的生产中，其从事科学技术研究的主体与从事研究的目标是不相同的，因而某一特定的科学技术活动对社会发展的作用也是不完全相同的。因此，根据科技活动的目的和功能，可以将科技事业活动分为下述两大类。

（1）以满足企业或市场需求为主要目标的科技活动

以满足企业或市场需求为主要目标的科技活动主要就是应用技术研究。在现代社会经济发展中，技术发明活动具有很多作用，最主要的作用就是在企业生产中被广泛应用。这是由于现代社会企业间的竞争是企业实力的竞争。企业实力的竞争不但取决于企业的资金实力，更取决于企业的技术和管理水平。而技术和管理水平提高的基础就是科技成果的取得和运用。具体来说，企业之所以重视科学技术成果，其原因如下。

第一，科学技术成果或产品可以提高企业的生产效率和产品的市场竞争力。现代企业在市场中的竞争，其最基本的方式之一就是要降低产品的单位成本和提高产品的品质，而要实现这一目标，最有效的方式就是运用科技成果提高劳动生产率和产品的质量。因此，现代社会中，作为一种产业组织的企业，必然不断地开发、吸收和运用各种先进的科学技术成果来开发新产品，改进产品质量，以提高生产效率。

第二，科学技术成果或产品可以为企业带来巨额利润，追求利润是企业存在的基础，也是企业组织活动的最根本目标，而科学技术成果或产品使企业目标的实现成为一种可能。之所以如此，不仅是由于科学技术成果的应用可以增强企业产品的市场竞争力，而且产品市场占有率的扩大还增加了企业利润。与此同时，科技产品往往是独创的、单一的产品，受专利的保护，具有垄断性，而一些重大的技术创新活动，往往会引起一系列的产业变化和消费革命，为企业开辟新的市场领域，创造可观的利润。

在现代社会中，企业为了自身的存在和发展需求，必须依靠科技，企业因而成为科学技术成果或产品的最重要需求者之一。这样，企业就必须不断地进行科学技术研究与开发活动，或从特定的科学技术产品市场上购买所需要的科技产品。因此，从事这类所需科技产品生产的主体，既可以是企业自身，也可以是企业以外的组织，如专门的科研机构或个人等。由于不断有人进行科学技术研究与开发活动，就必然相应地有科技产品市场的存在。从总体上来看，科技产品市场的技术产品既有应用性的科技产品，而且也有可以商品化和产业化的科技产品。这一类科技活动与科技产品的生产，主要交给企业或其他相关组织去完成，政府应该不涉及具体的活动，或要从具体的活动中退出。

（2）以满足社会共同需求为主要目标的科技活动

在现代社会中，除上述主要与企业生产有关，可以产业化和市场化的科技产品生产活动外，还有以满足社会共同需求为主要目标的科学研究活动，如基础科学研究、社会科学研究和技术推广，以及公益研究等。

以满足社会共同需求为主要目标的科技活动的基本特点：一方面，这些研究是整个应用技术研究的基础，所要解决的是整个人类社会生产和发展的问题，因而反映的是社会的共同利益要求；另一方面，这些科技活动的结果或很难量化，或不能商品化，或具有垄断性，或由于涉及全社会整体的技术进步和社会发展，而不能以市场方式提供。

此外，还有一些重大的开发应用性研究原本可以市场化，但是由于投资高和风险大，一般企业无力或不愿从事研究。与此同时，由于它又关系到国计民生，具有重要的经济和社会效益，因其难以市场化。从某种程度上来看，它是满足社会共同需求的一种活动，必须公共生产。

（二）科技管理的内容、原则与调控方式

1. 科技管理的基本内容

科技管理工作的内容相当丰富，如确定并贯彻科技发展方针和战略、制订并实施规划和计划，以及科研机构的设置和布局、课题项目的确定和实施、科技成果的开发和推广等，这些都属于科技管理工作的内容。而现代社会的科技管理体制，是一个以政府为核心的包括多种主体的生产和提供有机结合的系统。这一系统是以相关公共政策的制定而形成的制度框架与相应的管理职能所构成的，因此，科技管理的基本内容可以从以下两个方面进行分析。

（1）建立适合科学技术产品特点的生产和提供制度

科学事业产品是由不同性质、不同目的的科学研究活动所产生的，因此，应该按照科学技术活动的不同性质或科学技术产品的不同分类，制定相应的科学技术产品的生产和提供政策。

（2）科学技术市场的管理

在现代社会中，由于科学技术产品生产的多元化，以及市场提供和混合提供的存在，

决定了科学技术产品市场在整个科技事业发展中占有极其重要的地位，也决定了科学技术市场管理是科技管理的一项基本任务，是落实和执行相关公共政策的重要保证。具体来说，科学技术市场管理的内容包括对技术商品的管理、对参与者的管理和其他管理。

在科学技术日益成为社会经济发展主要动力的今天，科技管理在国家公共事业管理中的重要性越来越突出。随着科学技术学科门类的不断丰富和创新，以及社会经济的发展对科技进步需求的不断加强，科技管理的内容也会不断更新、不断丰富。

2. 科技管理的具体原则

虽然科技管理与其他行政部门的管理，以及经济管理等同属现代管理科学的实际应用，它们之间有着许多共同的思维和操作原则，但是科技管理是对科学技术的知识生产和社会活动进行管理，因而必然有着自身的特殊性与要遵循的原则。从整体上来看，科技管理要遵循以下这些原则。

（1）系统性原则

现代科技活动的社会化、复杂化、大型化决定了科技管理必须以系统思想为指导。首先，现代科学技术各门类、各学科之间相互联系、相互渗透、相互交叉，构成了综合性大科学体系。因此科技管理必须充分反映科学技术各领域的内在联系，并且具有协调一致的能力，使很多的各类科研机构形成有机整体，构成一个目标统一、工作协调的系统。其次，科技是第一生产力，与国民经济和社会各部门密切关联。这就要求宏观科技管理应该贯彻国家的科技发展方针，按照统一的科技战略部署，集中优势力量解决与经济、社会以及科学技术自身发展休戚相关的重大问题，以保证人力、财力、物力的合理配置，使全社会的科研系统正常运行，从而实现科技与经济、社会的协调发展。地方各级政府与其科技主管部门要在立足于本地区科技发展的同时，重视协调与国家整个科研系统的关系，在统一的科技发展战略部署下，去计划和安排地方的科技工作。

（2）灵活性原则

科技活动与一般生产活动有不同的特点，这一特点主要表现在三个方面：一是科技活动具有较大的不确定性，包含着许多变数，不能像物质生产那样定型、常规地进行；二是科技工作的劳动生产率不像物质生产那么容易测定；三是科技活动是以探索性、创造性为主的脑力劳动，在研究过程中往往会出现一些难以预料的问题，以致不得不修改原定计划或方案。由于科技活动有这些特点，因而科技管理必须充分贯彻灵活性原则，在计划管理、项目管理、人员管理、经费管理等项目管理的过程中要注意留有余地，保持高度的应变能力，保持整体的可塑性、适应性和自我调节性，实行动态管理。

（3）能级性原则

能级主要是指管理机构各部门或者其中的工作岗位在职能上的等级差别。现代科技管理按照不同的能级，建立管理的层次和程序，设定各种规范和标准，以实现合理而有序的优化管理。现代科技管理能级性原则的合理而有序主要表现在三个方面。首先，科技管理机构按能级层次构成稳定的组织形态。其最高层是决策层；第二层是管理层，它运用一些管理方法和手段以实现最高层的决策；第三层是执行层，它执行管理层的命令，直接组织和调配人力、财力、物力和信息资源；最底层是操作层，负责完成具体工作任务。其次，应该明确划分不同能级的责、权、利。只有各部门和每一个工作岗位责任明确、权限清晰、奖惩有据，才能形成高效率的管理机制。最后，各能级必须动态地应对调整。各种工作岗位都有不同的能级，管理者也都有不同的才能，从而使具有不同才能的人处于相应能级的岗位上，以做到人尽其才、各尽所能。这样，科技管理系统才能处于稳态，并得以持续高效地运行。

（4）前瞻性原则

当代科学技术发展日新月异，科技管理机构要对科技发展的趋势有充分的估计，发挥科技情报和科技预测的作用，密切跟踪科技发展新动向。在做好近期和当前科技工作安排的同时，又要科学地制定长远的战略目标和中长期规划，形成合理的梯度分布，构成远、中、近结合的科技发展规划和计划体系。在市场经济条件下，激烈的市场竞争不断要求缩短技术创新的周期，这就更要求宏观科技管理加强对科研机构和企业的技术创新研究的前瞻性指导，以加强对国内外技术市场的预测和调控。

科技管理工作的实质，就是要对全社会的科学技术活动进行有效的调节与控制，这也是最重要的科技管理的方式。现代科学技术活动都有着明确的目的性，大至国家科技发展方针和战略的制定，小至每一县区的重点科技项目的立项，都要经过科学论证、反复评价、严格筛选之后才能有最终的决定。当目标确定之后，才能制作成计划。最后，由科技管理机构根据计划向有关部门和单位下达研究任务，并组织实施研究活动。在对这些研究活动进行管理的过程中，主要的工作是协调方方面面的关系，处理各种各样的矛盾，这就是科技管理系统为什么要发挥调节功能的原因。为使科学技术活动能够按计划正常进行，还必须发挥科技管理系统的控制功能，及时做好信息反馈，了解实际效果与计划要求之间的偏差，并且积极采取措施来纠正或减小这些偏差。而加强科技管理的调节与控制，可以减少人力、财力、物力和信息资源的浪费，提高科技工作的效率，从而加快科技成果向生产力的转化。我们可以将科技管理的调节与控制简称为科技管理的调控，这是因为在一般情况下，在科技管理实践过程中，这两者往往互相交织、结合起来运用。

3. 科技管理的调控方式

科技管理的调控方式是多样化的，其对象也因时空变化而各有不同。通常，按照科技管理的程序来区分，有预先调控、过程调控和反馈调控；而按照科技管理的空间层次来划分，则有宏观调控和微观调控。下面来具体分析。

（1）程序调控

①预先调控。预先调控是指通过制订计划，对将要进行的科学技术活动进行的预设性调控。预先调控的主要任务是正确选择科研项目与课题，保证科研过程中所需人力、财力、物力资源在质和量上不会有不足或过剩的偏差出现，目的是使科研实际成果尽可能地取得或超过计划的预期结果。预先调控的主要内容如下。

第一，项目与课题。在向各地区和有关单位广泛收集科研项目与课题的基础上编制计划，编制计划时要考虑项目与课题的先进程度、与经济建设和社会发展的关联程度、项目与课题所需经费的多少与承担地区或单位的具体条件等多方面的因素，经过专家论证、严格筛选、避免重复，最后确定编入计划的项目与课题。在编制计划时，还要确定基础、应用和开发三类研究的合理比例，以及重点项目与课题和一般项目与课题的划分。

第二，人力资源。为了有效地开发与管理人力资源，在编制计划时必须根据实际工作需要来制定相应的标准，按照相应的标准选拔适用于科技活动的合格人才，必要时要根据有关政策确定招揽人才和鼓励人才流动的优惠条件。

第三，经费预算。对于基础研究和某些应用研究，一般要通过同行与专家评议，以及对科学意义与应用前景的论证分析来进行经费的预算。而对于某些应用研究和开发研究则需要进行技术经济分析，预估可能取得的经济效益和社会效益后，再确定经费预算。

第四，仪器设备。在对科研机构仪器设备进行最优配置时，应该根据预计的科研任务，设计若干配置方案，然后进行计算，选择所需总费用最少的方案编入计划。对科研活动所需的一些特殊的、非标准化的仪器设备，要根据实际情况拟定出相应的标准与方法进行调控。

②过程调控。预先调控结束，即正式计划下达后，科技管理工作的中心便开始转移到过程调控，即对计划执行过程的管理。过程调控主要是科技管理机构采用行政的、经济的手段对科研单位执行计划的活动进行规范、指导和检验，在调控过程中及时发现和解决问题，推动工作的正常进行，保证计划的完成。过程调控的主要内容如下。

第一，签订项目合同与实施方案。在科技项目合同中，特别是在计划的科技活动中，要明确管理机构和科研单位双方的权利和义务。通常，属于能够产生经济效益的应用或开发研究项目合同必须附上有偿科研经费偿还保证书。实施方案是与项目合同配套使用的一种管理文件，其内容是项目进展过程中不同年度的具体计划方案。项目合同与实施方案的签订，在加大了科技管理力度的同时，又为计划执行过程中的检查、验收提供了依据。

第二，项目经费的划拨与管理。科技管理机构通过财政或银行将科研经费划拨到下级科技管理机构，或直接划拨到项目承担单位。项目经费划拨之后，科技管理机构要对经费的使用进行监督管理，以保证专款专用。对有偿科技项目经费，在项目获得成果与经济效益之后，还要做好经费的回收工作。

第三，项目计划的检查与验收。在项目计划的执行过程中，按照项目合同书的要求，项目承担单位要按时向计划下达部门报告计划的执行情况，如填报季度进展情况和年度工作总结报告等。科技管理机构也应经常派专员深入项目承担单位进行实地了解，协调计划的进展，以督促计划的正常执行。项目计划完成后，科技管理机构要对项目计划进行全方位的验收与审查，以做好科技成果的评审鉴定工作。

③反馈调控。反馈调控是指科技管理机构对已经完成计划规定的阶段性或全部的科技活动进行分析和总结，吸取经验和教训，作为反馈信息，用以修正下一步管理行为，以改进今后的科技管理工作。反馈调控通常包括以下五方面。

第一，科研计划完成情况分析。分析是否如期完成科研计划，成果质量如何，实施科研计划中人力、财力、物力和时间的消耗情况等。一般来说，分析和总结这些情况有利于改进今后的计划管理。

第二，科技人员情况分析。分析科技人员组成结构状况、知识水平和能力能否适应科研工作的要求、人才流动情况等。通过综合分析来寻找进一步的改进措施，从而使人力资源配置更趋势化。

第三，仪器设备使用情况分析。对仪器设备的利用率、再用率、陈旧率等进行分析，以便更好地把握仪器设备的合理配置和使用潜力。

第四，财务状况分析。分析科研经费的使用和收支平衡情况，以便进一步做好科研经费的划拨及科研经费与科研任务相平衡的工作。

第五，科技成果分析。重点分析科技成果水平、理论价值和经济效益，以及进一步发展的可能等。通过对这些情况进行分析和总结可以掌握科研工作的效率、投入产出比，以及项目与课题选择的合理程度。科技成果分析信息的反馈，有利于改进今后的选题工作，提高科研的质量和水平。

总之，上述的调控活动不是相互割裂的。它们只有连成一体，都围绕资源、研究和成果三者之间的关系来进行，才能实现及时合理调控，从而保证科技计划的顺利完成。

（2）层次调控

层级调控分为宏观调控和微观调控。宏观调控是指通过制定科技发展方针、战略、规划和计划，建立或改革科技管理体制，进行科技立法，出台科技政策、法规等措施，是对全局性的科学技术活动所进行的指导与调控。后者是相对前者而言按行政隶属关系来划分的。其中，中央对于各省（市）、区来说是宏观调控，各省（市）、区的科技管理则是微观调控；而对各地（市）、县而言，省（市）、区的科技管理又是宏观调控。宏观调控与微观调控是既相互区别又相互联系、不可分割的统一体。这就决定了在科技管理实践中，首先，要划分管理层次，明确各层次的任务。越是高层次的调控，其科技管理的政策性就越强；越是低层次的调控，其科技管理的业务性就越强。因此，在不同的管理能级岗位上应该具有不同的职能和权力，在不同的管理层次上应该有不同的调控侧重点。其次，宏观调控与微观调控既要政策统一、行动协调，又要允许微观保持一定的灵活性。由于宏观调控与微观调控活动的目的都是发展科学技术事业，获得经济和社会效益，所以，不同层次的科技管理机构都应充分发挥调控功能，从而让整个科技管理系统高效稳定地运行。

（三）科技管理的模式

1. 行政管理模式

（1）科技行政管理的内容

科技事业对社会发展的作用是以科技产品的生产和提供来体现的，而从其活动的基本特点来看，在科技事业发展中需要政府干预，需要政府发挥其主导作用，这就是科技行政管理。

按照具体工作性质来分类，科技行政管理可以分为科技政策管理、科技规划管理、科技技术管理、科技成果管理、科技人才管理、科技经费管理、科技条件管理，以及科技信息管理等。若按管理对象来划分，则可分为专业科研机构管理、高等院校科研工作管理、工矿企业技术进步管理、农村科技发展管理、社会发展科技工作管理，以及国际科技交流与合作管理等。

除此之外，科技管理还可以管理的时间跨度和管理主体的空间层次为标准来划分。从时间管理上来看，可以分为短期年度科技计划、中期科技规划和长期科技规划管理；也可以分成近期攻关型、中期预研型和长期储备型科技管理。从管理层次上看，就中国而言，可以分为国家级、省市级、县区级科技管理。

（2）科技行政管理的方式

科技管理的调节与调控构成科技行政管理的主要方式。为此，科技行政管理必须发挥其控制功能，减少人力、财力、物力和信息资源的浪费，提高科技工作的效率，以加速科技成果向生产力的转化。

2. 公共事业管理模式

作为一个整体，科技产品具有突出的准公共产品的特性。除此之外，科技事业产品还具有突出的外部收益，因此对科技事业管理应该主要采取公共事业管理模式。

公共事业管理模式包括基础性研究和社会公益性研究的模式管理。基础性研究是人类文明进步的动力，而且难以在较短的时间内实现商品化。社会公益性研究也难以实现市场化，因而这些活动的管理都属于公共事业管理的范围。根据建立现代事业制度的设计构想，凡是专门从事上述研究活动的机构，均应视为事业组织。在新的科技事业管理体制下，独立研究机构和高等学校的科研机构，将成为专门从事上述研究的主力军。所有这些研究机构都需要实行行政职责分开，以建立现代科研组织制度。除极少数由政府直接管理的研究机构仍然实行预算拨款方式之外，其他的国家财政性科研事业经费，都应该按照公开、公平、平等、竞争和择优的原则，通过基金申请、委托研究、公开招标等多种形式来支持和资助各类重要的基础性、公益性和国家对策性研究。

3. 企业管理模式

现代企业在市场中竞争中，其最基本的方式之一就是要降低产品的单位成本和提高产品的品质。而要实现这一目标的最有效的方式，就是运用科技成果提高劳动生产率和改进产品的质量。因此，在科技创新活动中，有相当一部分的活动以满足企业或市场需求为主要目标。在市场经济条件下，企业技术创新活动就应该交给企业去办，对这部分活动的管理则采用企业管理模式。具体说来，企业应该成为开发、应用及研究的主力军，建立相应的研究与开发机构，加大科技投入，推动企业技术进步和技术创新。根据建立现代事业制度的设计构想，企业内设的各类研究机构，都应该视为企业本身的一个组成部分，实行企业化管理，不再属于"事业"单位。

二、文化事业管理

（一）文化事业管理的认知

由于文化事业产品是准公共产品，而且具有商品和特殊精神产品属性，因此现代社会文化事业管理的基本格局应该是生产主体多元，政府通过对文化的投入和扶持政策，进行分类管理、分级指导，国家保证重点，支持社会兴办文化事业。具体来说，这一现代社会文化事业管理应具有以下的基本框架和内涵。

1. 文化事业产品生产的制度

（1）确立文化事业发展规划

与教育事业产品的生产相类似，文化事业的发展也需要制订相应的发展规划。所谓文化事业发展规划，就是在一定的时期内文化事业的发展规模和所应有的水平，包含了文化事业发展的数量和质量两个方面，这是文化事业产品生产中必须解决的一个问题。

而文化事业发展之所以需要发展规划，主要有如下这些原因。

第一，文化事业的基本产品是关系到社会共同需求的公众文化事业设施，以及公共图书馆、展览馆、博物馆等，这些文化事业产品需要根据整个国家文化发展的总体需求和不同地区的具体情况，合理配置资源，以满足公众基本文化发展的需求。

第二，电视、广播等既是当代社会中公众基本的文化需求，又有一定的经营能力，而且属于社会效益和经济效益都极高的文化事业，其覆盖面范围广，建设投资大，因而必须有一个合理的布局，既要最大限度地使用资源，又要充分地发挥其作用。

第三，文化事业产品是一个国家文明发展水平的重要标志之一，因而国家必须有明确的规划，确立和保证一些既可以反映社会文化事业水平，又有自己民族特色的文化产品的生产。

（2）建立合理的文化产品的生产模式

文化事业产品总体上是准公共产品，应该有两种生产方式，即公共生产和非公共生产。由于在公共产品到私人产品的范围内，不同类别的文化事业产品有比较大的差别，因而生产主体的多元性更为必要。在文化领域内，所谓公共生产，是指由政府兴办文化事业，公共财政支出是其主要经费来源，如公众的文化事业、国家的电视台、重要的报纸杂志、重点的艺术团体、公共图书馆、纪念馆等。所谓非公共生产即私人生产，是指主要由非公共财政支出来承担经费的文化事业，如娱乐业、音像影视、一些报纸杂志、一些国家的由私人开办的电视台等等。总体来说，现代文化事业产品的生产，应该是生产主体的多元化，政府、非政府组织和个人共同参与，国家保证基础和重点，支持社会兴办文化事业的发展格局。

（3）文化事业产品生产过程的管理

文化事业产品是精神产品，其生产是一个涉及意识形态问题，甚至是社会文化发展方向的生产过程。而为保证各类文化事业按照社会发展的需求进行生产，就必须对文化事业产品的生产过程进行管理。在现代社会中，对文化产品生产过程的管理不是管理主体介入生产过程，而是要尊重文化产品的生产。就拿艺术作品创作来说，一定要遵循它的创作规律。为此，文化事业产品生产过程的管理要从两个层面来理解：一方面，对违反国家意识形态的文化产品要进行严肃的处理；另一方面，要通过政府和非政府组织如行业协会等，以一定的方式（如评奖、经济政策上的优惠等）积极鼓励、支持符合公众需求和社会文化发展方向的文化产品的生产与创作，批评和谴责落后的、不健康的东西，以引导文化产品的生产符合公众需求。

2. 文化事业产品的提供制度

文化事业产品可以根据其公共性的纯度或外部性分布情况，以及公共文化产品的特殊性，采取公共提供、混合提供与市场提供相结合，以混合提供为主的公共政策，构建相应的文化事业产品提供制度。

（1）公共提供

公共提供的文化事业产品，首先，应该是满足公众基本文化需求和公众基础文化设施，如现代社会中的社区基本文化设施、公共图书馆、纪念馆，以及群众文化馆、文化站等。这些文化事业产品满足的是公众基本的文化需求，其外部收益是最高的，受益面也是最大的，而且相对成本也是最低的。因此，这些文化事业产品应该采用公共生产，以公共提供如以政府补贴为主的公共政策。这一以补贴为主的方针，基本上是一种无偿提供的财政政策，即使收费也主要是补贴服务成本。其次，是广播和电视台及某些电视节目。在现代社会，广播和电视已成为满足公众基本文化需求的重要渠道，而且具有受益面广、相对成本低的特点，因而应该采取公共提供的方式。必须指出的是，广播由于其经营能力较弱，可以采用公共生产、公共提供的方式，而且这种提供基本上是免费的。但是电视的情况则较为复杂，由于电视正日益成为现代社会影响面最大的传媒之一，因此，从其作为国家意识形态和政策方针的宣传主导媒体这一功能而言，现代国家基本上都建立了完全或主要由国家财政负担费用的国家电视台，而由地方财政负担费用的地方电视台属于地方政府管理，并且基本免费向公众提供，即公共生产、公共提供。与此同时，由于电视有较强的经营能力，随着社会的发展和电视节目的丰富多彩，一些国家则采取了对电视台某些以宣传报道国家方针、政策为主的频道给予财政支持，基本免费向公众提供。

（2）非公共生产、混合提供

在现代社会中，非公共生产、混合提供的文化事业产品主要是一些重要的文艺演出产品和报纸杂志，以及一些电视台或电视节目。其中的文艺演出产品，主要是一个国家中水平最高的、具有重大影响力的艺术团体。我国的国家级艺术团体就属于这类文艺演出产品，政府给予其一定的补贴或在税收上给予一定的优惠等，将其收费、质量等纳入政府文化管理。这样既提供了其基本的经费来源，保证了其基本的生存条件，又能够通过对价格的控制进行管理，从而促进这些重要的文化产品向社会的普及。同样，对具有类似情况的报纸杂志和私人电视台或其中的某些节目，也应采用同样的方式向社会提供。

（3）非公共生产、市场提供

在现代社会中，这类文化事业产品也占有相当大的比重，主要有娱乐业产品、大多数的演出业产品、音像影视业产品、新闻出版业产品等。在现代社会中，尤其是在市场经济条件下，这类文化产品行业主要是为满足公众不同的个性化和不同层次的文化需求，其经营能力强。从相当程度上来看，它是一种市场商品，而它是公共事业产品的基本依据，主要是其外部性，但是其外部性又是所有文化事业产品中外部性最小的一类。由于这些文化产品的外部性最小，政府用大量资金去补贴是不合适的，应该由消费者自己支付最为合理。因此，这些文化事业产品合理的提供方式是市场提供。

由于文化产品的特性，这种市场提供的方式通常有两种方式，即收费标准由政府管理部门统一核定，或者完全交由文化产品生产者按市场供求来自行确定。前者实际上是一种计划与市场结合的指导价格，而后者则是完全的市场价格。一般来说，与教育产品的市场提供相类似，在完全由市场决定文化产品收费，并且有足够多的产品可以让公众自由选择的情况下，公众是可以通过收费与所获得的收益即精神享受的对比来确定消费的。由此可见，政府在用上述方式引导文化产品生产价值的取向上，"管其价格，不如管其质量"更符合市场竞争原则，从而促进非公共生产提供更好的文化产品。

3. 文化产品市场管理

在现代社会中，无论是公共生产还是非公共生产的文化事业产品，无论是公共提供、混合提供还是市场提供，都存在文化消费的需求与供给的问题，即存在文化市场的问题。这一点，在不同类别的文化事业产品之间，在非排他性和非竞争性的差别上表现得比较明显，许多文化事业产品更接近通常意义上的商品或原本就是为交换而生产的商品，如娱乐业产品、影音产品等。而在商品市场中，文化事业产品由于其表现形式和精神产品所具有的属性，因而又是市场中的一类特殊商品。因此，在整个文化事业管理中，文化事业产品的市场管理是非常重要的。

一般来说，文化产品市场管理的基本内容包括以下五方面。

（1）文化市场管理规范

由于文化产品的特殊性，不同的国家对文化产品管理的具体规范不完全一致，如对文物，有的国家明确规定不许买卖，而有的国家可以买卖，但是对哪些文化产品可以进入市场，哪些文化产品不可以进入市场，则有完全不同的规定。因此，文化市场管理规范的建立，必须根据不同国家或社会的不同情况来制定相应的法律法规，以法律法规构成文化市场管理的基本规范，依法对文化产品进行管理。

（2）文化市场经营者的管理

从总体上来看，由于文化产品是一种专业性较强的产品，自然就要求文化产品的经营者必须有相应的资质。而对一些承担文化经营和服务的团体、协会等非政府组织来说，这些组织本身就是经营者和管理者。因此，必须对文化产品的经营者和服务者进行管理，尤其是把握好进入市场的资格审查，从某种程度上来说，这是文化市场得以规范运行的基本条件之一。与此同时，还要对文化市场经营者的行为进行管理，即监督其是否按照国家的有关法律法规进行经营，并且对违法者要进行查处。另外，在管理方面，还有一个对文化市场的培育问题，即对文化市场经营者支持或扶持的问题。目前，从我国的实际情况来看，从事文化娱乐业者比较多，可是由于其他类型的文化市场经营机构发展得比较弱小，还不能满足我国经济发展和广大群众多层次文化消费的需求，这就需要政府积极地进行引导，社会各界大力支持和扶植。

（3）对文化产品本身的管理

文化事业产品既是专业性较强的产品，又是一个内容丰富、类别繁多、相互之间差异较大的产品。由于文化产品和文化服务是特殊的商品，因而，必须针对不同文化产品的特点制定相应的法律法规，进行分类指导、分类管理，将相应的管理措施落实到具体的文化产品和文化服务上。在现代社会中，有些文化产品需要重点进行管理，主要有以下五方面：一是音像产品管理；二是娱乐业市场管理；三是演出市场管理；四是艺术品管理；五是出版物管理。在这里，要提醒的是，对文化产品的管理不是在代替经营者对产品进行经营，而是对文化产品能否进入市场进行管理。这一管理，首先看是否具有商品资格，其次看其内容是否符合有关规定。

（4）文化产品价格管理

文化产品价格管理的主要内容有三个方面：一是对属于公共生产、公共提供的文化产品和服务的收费标准进行检查；二是对实行指导价的文化产品，即非公共生产、市场提供中纳入国家管理价格的文化产品进行管理；三是对一些文化产品实行特殊的税收与价格政策。由于文化产品特殊性的一个重要表现，就是一些产品的市场价格与其艺术价值会发生背离，有些艺术产品的市场价格甚至不及生产成本，难以为继，但是社会对这一产品又是有需求的，如儿童剧的编制和演出就存在这种情况，因此，国家必须运用税收与价格政策，对某些文化产品实行差别税率甚至免税政策，以对其进行扶持。在文化市场上实行的这一税收与价格政策，与生产过程中实行的相关政策是不同的，它可以说是在市场交易完成后所进行的扶持。

（5）社会捐助资金管理

社会力量对文化事业进行捐助，用以支持文化事业的发展，是现代社会中通行的做法。社会对文化事业捐助的主要对象，是公众文化事业的设施建设，以及非营利的文化事业团体。社会捐助资金的管理，主要是对资金使用是否符合捐助目的的监督管理，是一种外部管理，是依据相关的如非政府组织资金管理的法律法规进行的管理。

（二）文化事业产品的准公共性

虽然文化事业按其活动的目的和功能，其产品可以分为公益性文化事业产品和营利性文化事业产品，但是由于文化事业活动的特点，即其产品具有公共事业产品的基本特点

——准公共性。而文化事业产品的准公共性与教育事业产品的公共性有相似之处，这种相似之处可以分为下述两个方面。

1. 文化事业产品具有非排他性与消费竞争性

文化事业产品的消费大多具有无形性、延伸性、渗透性的特点。如一个人看电视、听广播、看电影、看演出、看展览，并不影响其他人看电视、听广播、看电影、看演出、看展览，即在一定范围内，一个人消费文化产品时，并不排斥其他人同时消费。虽然文化事业产品具有非排他性，但是这一非排他性是有限度的，如一定条件下的电视、广播的覆盖面是有限的，超过设备技术限制，电视、广播的传播质量必然下降。与此同时，演员的声音和演出的形体可视范围也是有限的，展览场地的可容纳范围也是有限的，因而当消费者人数增加到一定数量时，必然需要增加演出场数和展出场数，这就会增加成本。另外，像报纸、杂志、公众文化事业活动等都存在相似的情况。

文化事业产品的消费竞争性表现在：随着消费者的不断增加，其总成本也必然增加，而文化需求的满足是与一定的社会进步相联系的，是以经济的发展为基础的，因而相对于公众不断增长的文化需求，文化事业产品的供给能力是有限的。这样，在文化事业产品供给能力有限的情况下，必然产生需求竞争，如影视作品、时尚的娱乐项目等就存在激烈竞争。

在这里，需要指出的是，由于文化事业产品还具有层次性、多样性的特点，许多消费项目是在满足公众基本文化需求的基础上，为不同层次和不同样式的文化需求的公众进行生产的，如娱乐业就具有这样的特点。因而，这类文化产品具有更强的排他性和更强的竞争性，而且这种竞争基本上是一种市场竞争。此外，一些具有营利性的文化事业产品的竞争基本上也是市场竞争，如大多的报纸杂志间的竞争。因此，在现代社会中，文化事业与教育事业相比，具有更强的产业特征。如今，文化产业这一概念得到了广泛的认同，而且还形成了各式各样的文化企业。

2. 文化事业产品具有外部收益性

在市场经济条件下，文化事业产品的消费是一种大众的消费，文化事业产品的生产首先是为满足公众不同层次的需求而进行的，文化事业产品的社会功能也是通过文化消费主体的消费来实现的，即文化事业产品的外部收益是通过内部收益来发挥的。文化事业产品的内部收益表现为公众在消费的文化事业产品后，其精神享受和文化娱乐的需求得到了满足，从而提高了文化素质，为激发创造性和积极性提供了重要条件，以促进自身的全面发展。

文化事业产品的外部收益表现在三个方面。第一，社会的优秀文化遗产将通过文化活动尤其是有引导的文化活动得到继承和发展。与此同时，文化事业产品的生产和提供的过程是一个实践过程，在这一过程中，符合时代发展的又有自己民族特色的当代文化得以形成。第二，与民族的、现代的、大众的、健康的文化的形成和发展是相辅相成的，公众在消费文化事业产品，满足自己精神文化需求的同时，也陶冶了情操，提高了文化修养，从而营造了一个良好的社会文化氛围。这不仅促进了情商的提高，有助于公众自身创造力和工作积极性的激发，也有助于道德素养的提高，从而有利于社会的安定。第三，正因为在现代市场经济条件下，文化事业活动与经济有更紧密的联系，因而是社会经济发展的一个增长点。总之，在现代社会中，作为上层建筑的文化事业对社会经济发展发挥着十分重要的推动作用，是社会进步和经济发展中的重要力量。因此，在现代社会中，一个国家或地区的文化事业的发展水平成为该国社会经济发展水平的重要标志，体现着该国或地区的文明程度。

（三）文化艺术事业管理的主要内容

1. 重视文化艺术事业的规划。发展文化艺术事业是精神文明建设和社会全面进步的重要内容，要将其纳入经济和社会发展的总体规划和年度计划；动员各有关部门和社会各界形成合力，以共同推进文化艺术事业的发展，并且保证中央和国务院有关文化艺术基本政策得以连续性地执行。

2. 深化文化艺术体制改革。围绕增强文化艺术事业的活力，充分调动文化艺术工作者的积极性，以多出优秀作品，多出人才为目标，深化文化艺术体制改革；文化艺术体制改革要符合精神文明建设的要求，遵循文化艺术发展的内在规律，发挥市场机制的积极作用；各文艺企事业单位都要深化内部改革，加强管理，以建立既有竞争激励，又有责任约束的机制。

3. 加强文化艺术法制建设。要建立各项文化艺术交流的法律规范；对文化艺术援助、文化艺术投资等活动进行明确的制度限定和规范；各项文化艺术贸易协议、合同都必须遵循文化艺术事业管理的法律法规；等等。

4. 关注文化艺术人才的培养。我们要建设一支政治强、业务精、作风正的文化艺术劲旅，教育广大文化艺术工作者树立正确的世界观、人生观、价值观；认真贯彻党的文化艺术工作方针和原则，发扬敬业精神和奉献精神；努力培养跨世纪的文化艺术人才，使各门类文化艺术人才能够走向世界；文化艺术事业发展所需要的高层次人才短缺问题，可采取调整、引进等方式进行解决；要注重真才实学，不受年龄、学历所限；要将文化艺术领域各专业学科后备带头人纳入专业学科带头人的培养规划；要提高做出特殊贡献的优秀文化艺术人才的待遇。

5. 增加文化艺术事业经费的投入。目前，文化艺术事业投入总量偏少、比例偏低。对政府兴办的群众艺术馆、图书馆、博物馆、展览馆、美术馆等公益性事业单位，财政上要给予一定的经费保证；对乡镇文化设施建设实行补贴制度；定期对现有文化艺术场所进行维修、完善、改造，并且逐步更新、补充专业设备，以适应社会文化艺术事业发展的需求；要注意平衡东西部地区经费投入的比例，使社会整体的文化艺术事业能够和谐发展。

6. 普及文化艺术基础设施建设。制定好文化艺术基础设施建设宏观目标、总体规划和年度计划；做好现有文化场所的普查、管理工作，充分发挥现有公益性文化场所作用；在城市规划与建设中，要结合辖区内大中企业的实际情况，搞好公共文化设施的布局和配套，建设并利用好可以为群众服务的图书馆、影剧院、文化馆等文化设施。对于规划预留的文化场所的建设用地，任何单位或者个人不得占用。

7. 实施部分税费优惠政策。对文化艺术事业单位自用房产、车辆、土地免征房产税、车船使用税和土地使用税。基础设施建设所涉及的各种税费，可全部列入财政年度预算；对专业文化团体、群众文化艺术馆、美术馆、博物馆、图书馆等单位举办的非经营性文化活动收入的营业税，可以按照先征后返的政策执行；公益性设施建设用地，土地管理部门可以以划拨方式审批；鼓励社会力量资助文化事业，纳税人可以通过文化行政部门，对专业艺术表演团或优秀剧目，以及公益性的图书馆、博物馆、美术馆、展览馆、重点文物保护单位进行捐赠。

8. 完善文化艺术事业发展专项基金制度。可以建立精品艺术生产专项基金，用于扶持重点剧目的创作、演出；建立艺术人才培养专项基金，用于拔尖人才和各艺术门类带头人的培养；建立文学艺术奖励专项基金，用于奖励获国家或者省部级文学艺术奖的作品和有突出贡献的单位、个人，以及对文化工作有特殊贡献的单位、个人；文化艺术事业发展专项基金，由文化主管部门统一使用，由财政部门、审计部门进行监督检查。

第二节　公共卫生与公用事业管理

一、公共卫生管理

（一）公共卫生管理方法

关于公共卫生管理，从不同的角度可以规划出不同方法，而比较常用的管理方法有卫生计划管理和卫生服务质量管理。

1. 卫生计划管理

卫生计划管理是指以卫生资源为基础，以提高服务能力为手段，以保护和促进人民健康为目的而制订的一系列行动方案。卫生计划是公共卫生管理的重要内容，计划是对未来行动的一种统筹设计，从管理的角度看，计划是管理的首要职能。计划是对未来方案的一种说明，包括目标、实现目标的方法与途径、实现目标的时间、如何完成目标等内容。常见的卫生计划包括卫生项目计划、卫生机构计划和卫生发展计划。卫生项目计划是指在特定的时间内运用一定的资源，对具体的卫生问题所采取的干预措施与行动方案。一些国际组织（如世界卫生组织、联合国儿童基金会等）在我国实行的各种项目多属于这类计划。卫生机构计划是指为了实现组织机构的使命而制订的一系列行动方案，如医院的发展规划等。卫生发展计划是从现代卫生发展的战略思想出发，在一个国家或地区的环境和资源容许的范围内，为改善居民的健康状况，提高居民的健康水平，按照一定目标为居民提供所必需的卫生服务所采取的措施和方案。

制订卫生计划除了要遵循一般技术制定所要遵循的整体性原则、分类指导原则、前瞻性原则、科学性原则和滚动调节原则外，还必须遵循与卫生事业相关的特定原则。这些特定的原则有如下六个。

（1）与社会经济发展相适应的原则。卫生计划要从国情出发，与当地国民经济和社会发展相适应，按照居民卫生服务的实际需求，合理配置资源。

（2）可持续发展的原则。既能满足当前卫生需求，又能兼顾将来的卫生需求；不仅能解决现有的卫生问题，还能防止卫生问题的再次出现或避免新的卫生问题出现。

（3）公平与效率兼顾的原则。既要追求卫生资源利用的最大化，也要充分关注到社会各阶层尤其是弱势群体在拥有卫生资源、利用卫生服务及其维持健康水平等方面的公平性。

（4）均衡发展与突出重点相结合的原则。卫生计划既要充分体现综合性和方位特点，如预防、医疗、保健、卫生监督、医学教育、药品、科技等领域的协调发展，又要突出农村卫生、预防保健和中医药三大战略重点，以强化基本卫生服务和卫生监督管理。

（5）成本与效益相统一的原则。遵循产出决定投入的模式，采用适宜技术、适宜设备，提倡资源共享。通过合理定点、分级转诊、建立社区卫生服务体系来提供及时、方便、质优、价廉的基本卫生服务。

（6）预防为主的原则。卫生计划的主要任务就是资源合理分配，必须贯彻预防为主的思想。树立三级预防的概念，把医院的职能从医疗型向预防医疗型转变，以真正实现卫生资源的合理分配目标。

2. 卫生服务质量管理

卫生服务质量是指卫生事业满足人们健康需求能力的特征与特性的总和。从广义角度来看，卫生服务质量强调患者的满意度、工作效率、卫生服务技术经济效果（投入—产出关系）以及卫生服务的连续性和系统性；从狭义角度来看，卫生服务质量是指卫生服务的及时性、有效性和安全性。卫生服务质量的测量主要包含三个内容，即组织结构、服务过程和结果。卫生服务的组织结构包括卫生系统的网络和机构布局。而病床的分布和质量、卫技人员的资历、职称以及医疗技术和设备等"硬件构成"，都能够反映出卫生服务质量的好与坏。组织结构特征的作用在于能增强或减弱享受较好医疗行为的可能性，但是结构与行为之间并非必然的因果关系。因此，组织结构是反映质量的一种比较粗略的工具。卫生服务过程被定义为医患间与健康有关的活动和相互作用的复杂过程。卫生服务的特征与其产生的结果有两个原因：一部分是由当时的医疗科技状况所决定的；另一部分是由指导管理医患关系的规范所决定的。在特定时期，服务过程的质量是规范行为，这种行为与结果变化存在相关联系。卫生服务结果被定义为卫生保健对象健康状况的改变。卫生服务结果的测量指标除了包括躯体生理方面的健康之外，还包括社会心理功能的改善和患者满意度等。

卫生服务质量是需要管理的，其管理的基本模式如下。

（1）服务生产模式。在服务生产模式中，卫生服务是一种特殊的服务，具有无形性、无法储存、生产消费同时性等特点。因此，卫生服务质量管理的关键在于确定服务属性的质量标准、选择服务过程中使用的资源和技术，以最低的成本生产符合质量标准的无形服务。

（2）消费者满意模式。消费者满意模式强调顾客对服务质量的主观看法，消费者是否与服务人员合作，是否会再购买服务，是否会向他人介绍服务，都是由消费者的主观评估确定的。根据消费者满意的模式，在购买服务之前，消费者会根据自身需求、以往经验、口碑和提供者发布的各种广告信息，对服务质量具有一定的预期。在接受服务之后，消费者会产生有关服务质量的感知。如果消费者感知的服务质量超过他们对服务的期望，就会感到满意；反之，就是不满意。该模式认为，卫生服务质量管理的关键在于影响消费者感知的服务质量，提高消费者的满意程度。因此，管理人员不仅要重视服务过程和服务结果，而且还要了解、分析消费者的看法与各种影响因素。总之，消费者满意模式极大地丰富了消费者对服务质量的理解。

（3）相互交往模式。卫生服务是一种面对面的服务，其核心是卫生服务提供者与利用者之间的相互交往。面对面服务质量是由协调、完成任务和满意三个层次组成的。协调是指服务人员和消费者之间的感情交流，建立起良好的关系。完成任务是指服务人员和消费者都能够完成各自的任务，实现服务的目标。满意是指服务人员和消费者根据自己的期望，评估服务的满意度。该模式认为，卫生服务质量受预先规定的服务程序、服务内容、消费者和服务人员的特点、机构特点和社会特点、环境和情绪等多种因素的影响。要提高服务质量，必须同时考虑消费者和服务人员的感受、反应和交往质量。

（4）卫生服务整体质量管理模式。从顾客的角度来看，服务质量不仅与服务结果有关，还与服务过程有关，因此，服务质量具有服务的客观现实与消费者的主观感受两种属性。服务质量包括技术性质量和功能性质量。前者是指服务结果的质量，通常能为消费者客观评估。后者是指服务过程的质量，不仅与服务时间、地点、人员仪表、服务态度、服务方式、程序等有关，还与消费者的个性特征、态度知识等有关，这是一种主观的判断。该模式认为卫生服务机构是感情密集型机构，服务环境如服务设施、人员仪表等对功能性质量的影响很大。服务人员必须为消费者提供正确的信息，使消费者对服务质量形成正确的期望。消费者必须参与服务过程，提供必要的信息，配合服务人员，才能获得优质的服务。为此，服务机构要加强质量教育，使全体服务人员参与到质量管理中，以增加消费者的信任感和忠诚感，与消费者建立、保持并发展长期的合作关系。

（二）公共卫生管理体制分析

公共卫生管理体制，即指公共卫生管理的组织制度。它由一些互相关联、互相衔接的内容组成，具有系统性、全面性等特征。一般来说，公共卫生管理体制主要包括以下五方面。

1. 公共卫生服务体制

公共卫生服务是公共卫生管理的主要职能，其体制是公共卫生管理体制的核心内容，公共卫生服务体制就是在以基本医疗制度为基础的前提下，以公共财政为主要资金来源，由政府统一组织，向全体公民提供高效、安全、便捷、廉价的公共卫生和基本医疗服务的制度。由此可见，公共卫生服务就是由政府牵头组织、遵循基本医疗制度、面向全体群众的体现公平性的卫生服务。公共卫生服务体制是公共卫生服务的载体和制度保障，它可以分为疾病预防控制体制和医疗救治体制。

健全的疾病预防控制体制应具备四个方面的内容与要素：第一，要有完备的由中央到地方的各级疾病预防控制机构和基层预防保健组织；第二，要建立功能齐全、反应迅速、运转协调的突发公共卫生事件应急机制；第三，要有灵敏高效、快速通畅的全覆盖的疫情信息网络；第四，先进的疾病预防控制机构基础设施和实验室设备条件以及高科技的专业人才。

而医疗救治是政府行为，应该凸显其公平性，换言之，每个公民都有接受医疗救治的权利。医疗救治服务的提供者主要是医院以及其他医疗机构，如中国的 120 急救中心就是重要的应急医疗救治机构。医疗救治的工作本质要求工作人员必须具备救死扶伤的高尚品德和精湛的医术。

2. 公共卫生监管体制

公共卫生监管是国家卫生行政机构或行政性组织依据卫生法律、法规对社会公共卫生事务进行监督管理的一种行政行为，是国家行政权力的重要组成部分。公共卫生监管体制是指关于公共卫生行政监督机构的设置、公共卫生监管职权的划分及其运行等各种制度的总称。由于各个国家公共卫生管理的发展形势和阶段不相同，其公共卫生监管体制也有所差异。

3. 公共卫生危机管理体制

所谓公共卫生危机也就是指突发的公共卫生事件，它不仅危及人类的健康，还影响着社会的稳定，因而世界各国都非常重视公共卫生危机管理。突发公共卫生事件又叫公共卫生危机事件，突发性公共卫生事件是指突然发生、对社会公众健康造成或者可能造成严重损害的重大传染病疫情、群体性不明原因疾病、重大食物中毒以及其他严重影响公众健康的事件。由此可见，公共卫生危机事件具有突发性、危害性和破坏性、群体性等特征。

随着经济全球化不断加强，人口城镇化进程不断加快，公共卫生危机事件又表现出了加速扩散性和叠加共振性等新特点。加速扩散性指由于国际交往越来越密切，人口流动越来越频繁，这些因素都影响着公共卫生危机事件的发生。而叠加共振性是指突发公共卫生事件以生产力中最活跃的因素——人的生命健康作为直接对象，在政治、经济、文化等领域均会产生影响，从而表现出一种社会危机的叠加与共振效应。

从产生原因来分析，导致公共卫生危机事件发生的情况一般有六种。

第一，生物病原体所致疾病。主要指传染病（包括人畜共染传染病）、寄生虫病、地方病区域性流行、暴发流行或出现死亡；预防接种或预防服药后出现群体性异常反应；群体性医院感染等。

第二，食物中毒事件。主要原因可能是农药中毒、鼠药中毒、细菌性食物中毒、有毒动植物中毒等。

第三，由有毒有害因素污染造成的群体中毒、中毒死亡。这类公共卫生事件由于是污染所致，往往波及范围极广，并且常常会对下一代造成极大的危害。

第四，由天灾事件引起的群体发病或死亡。包括自然灾害，地震、火山爆发、泥石流、台风、洪涝等的突然袭击而带来严重的诸多公共卫生问题，其中，包括社会心理因素在内的诸多公共卫生问题，从而引发多种疾病，特别是传染性疾病的发生和流行。

第五，由意外事故引起的群体发病或死亡。意外事故，煤矿瓦斯爆炸、飞机坠毁、空袭等重大安全事故，由于没有事前的准备和预兆，往往造成巨大的经济损失和人员伤亡。

第六，由其他原因引起的群体发病或死亡。由不明原因引起的群体发病或死亡，这类事件由于原因不明，通常较前几类危害要严重得多。

突发公共卫生事件应急管理是指公共卫生应急管理部门对已经被界定为突发性的公共卫生事件进行组织指挥、监测预警、医疗救治、报告信息等应急处理的全过程。当前，突发公共卫生事件应急管理已经成为各国发展公共卫生管理的重中之重，不容忽视。组织指挥、监测预警、医疗救治、信息报告、预防控制和后勤保障这五个系统构成了一个较为完善的突发公共卫生事件应急管理系统。

突发公共卫生事件应急管理的基本要求主要包括以下四个方面。

第一，事前要求。主要要求处理突发事件的预警系统通过对各种信息的收集与整理，运用现代科学的预测方法、预测技术，在评估的基础上对突发事件的发生、发展趋势及其规模、危害等问题，进行科学的推断与预测，并且向有关部门和公众进行通报。只有这样，才能提高处理突发事件的能力和水平，减小突发事件造成的危害。其中，科学、准确的信息和适宜的预测方法，是预测准确性的两大关键因素。

第二，事发要求。主要要求处理突发事件的监测系统迅速、全面地收集各种与突发事件有关的信息，并在此基础上，对信息进行科学的加工、分析、汇总，以得出科学的结论，对突发事件的处理进行指导。

第三，事中要求。主要是指对调查处理机构的要求和执法监督机构的要求。调查处理机构在处理突发事件时，首先，要弄清突发事件的性质；其次，要采取相应的措施防止事件蔓延，以减小危害，保护人群；最后，其目标是查清事件起因，指导今后的工作。而执法监督机构在处理突发事件时，要做到依法管理，这就需要做好两方面的工作：一方面，要组织并规范公民在突发事件中的行为；另一方面，要规范其他应急处理机构在突发事件中的行为，对内、对外要发挥双重的监督作用。

第四，事后要求。要求评估机构在突发事件结束后，运用科学的评估方法与适宜的指标对其进行评价，用以总结成功经验，发现不足，以便提高处理突发事件的科学性和管理水平。

总之，构建我国高效公共卫生体系，必须转变公共卫生管理传统思维观念，倡导信息公开化，加大公共卫生的投入力度，强化公共卫生基础设施的建设。另外，公共卫生事件有突发性强、传播快等新特点，这就要求改变公共卫生管理传统方式，要构筑一个信息资源能够共享的网络平台，这样就可以让各级卫生行政部门和疾病预防控制机构在同一时间内，都能够及时获得相关的情报，从而为科学决策和协同处理赢得时间。与此同时，要注重软件开发，推动公共卫生体系的高科技化、信息化。最后，应优化整合区域内卫生资源，实行卫生全行业管理体制，并尽快出台一部公共卫生法，以实现公共卫生管理的法制化。

4. 公共卫生医疗保障体制

公共卫生医疗保障体制是最受百姓关注、政府重视的社会保障制度之一，一般包括免费医疗服务、医疗保险和医疗救助等内容，其中，医疗保险在保障体系中占主体地位。医疗保险就是当人们生病或受到伤害时，由国家或社会给予的一种物质帮助，即提供医疗服务或经济补偿的一种社会保障制度。医疗保险制度通常由国家立法，建立基金制度，费用按国家有关规定交纳，医疗保险费由医疗保险机构支付，以化解劳动者因患病或受伤害所产生的医疗风险。

5. 公共卫生人才培养与社会支持体制

随着现代社会的不断发展，人们的生活水平不断提高，公共卫生管理作为社会公益性事业，为了满足公民更多、更高、更新的公共卫生需求，势必要在加强公共卫生管理内部人才培养的同时，又要取得广泛的社会支持。

公共卫生人才培养体制是整个公共卫生管理体制的基础。近年来，突发公共卫生事件频繁发生，给各国的公共卫生管理发展带来了困难和挑战。为了保障国民健康，提高本国公共卫生服务质量，对突发公共卫生事件能及时做出反应，各国政府都将人才培养视为促进公共事业健康发展和解决突发公共卫生事件的治本之策，有目的地制订人才发展规划和人才培养计划，并通过不同途径和方法，深入进行科学研究，努力建设一支高层次、复合型的人才队伍。

二、公用事业管理

（一）公用事业的特点

公用事业是城镇生存和发展的重要物质基础，为企业和居民提供共同的生产生活条件。在城镇公用事业中，除部分可通过市场由企业、个人或社会中介组织提供外，大部分属于纯公共物品，如普通道路、基础教育设施、防震等城市防灾设施等，在消费上具有非竞争性、非排他性，无法根据等价交换的原则或者通过收费来筹集资金，也不能将不缴费人排除在享受政府公共服务的人员范围之外，而企业和个人不愿投资于这类设施；有的公用事业具有自然垄断性，如供电、供水设施，若由企业和个人经营，则会有利用垄断地位损害社会公共利益的行为出现。由于城镇公用事业存在自然垄断和外部效应，而且部分设施投资额大，建设周期长，技术要求高，项目本身只有微利或者无利可图，这就需要多渠道筹集资金，增加投入，以适应城镇发展的需求。因而，城镇公用事业规划与建设是政府公共服务的重要内容，必须适当地超前发展，否则，在城镇化进程中就会出现交通拥挤、能源紧张、住房困难、环境污染等问题，从而延缓城市经济社会的发展。

随着社会的进步和经济的发展，公用事业的概念也日渐更新。从公用事业产品与公众基本生活质量的关系来看，公用的概念应该从三个方面来理解：一是公共交通，所谓公共交通，既有传统的城市和城市间的公路客运，也有一定条件下的铁路客运、航空客运和水路客运；二是城市供水和排水，电力、煤气、天然气供应等；三是邮政和通信，随着社会经济的不断发展和科学技术的不断进步，以及公众生活水平的普遍提高，移动通信、网络等也正逐步成为大众的基本需求。

具体来说，公用事业的概念会细分与扩大。城镇的能源生产和供应服务，包括火电、水电、核电、煤气等的生产，以及电力与煤气的输送和服务，构成了城镇生产、生活的动力来源；城镇给排水服务，包括水源建设与保护，自来水的生产、供给，生产和生活用水的处理与排放，以及相应的管网建设等。当然，城镇航空、铁路、汽车、运输等对外交通服务，构成城镇与其他地区和国家资本、劳动力、技术、信息等生产要素交流的物质基础。城镇道路、城市客货运输和城市交通管理等市内交通服务，是城镇生产与生活的共同条件，是城镇生存和发展的重要物质载体。城镇邮电通信服务，包括邮件收集、运输、发送，以及固定电话、移动电话、互联网服务等，构成了城镇生产、生活信息流的重要载体。城镇环卫、环保、园林、绿化等服务，主要为企业生产经营活动和人民生活创造优美的环境，提高人民生活质量。城镇防火、防洪、防震等城市防灾服务，主要避免各类自然灾害对城镇发展所产生的影响，以增强城镇可持续发展的能力。城镇战备设施服务，主要满足国家安全、国防建设的需求。

公用事业虽然是在城市中产生的，但是从根本上来说，它是社会进步、经济发展和科学发明的产物。因此，它会随着这些因素的变化发展而不断丰富着自己的内涵，从而构成了现代公共事业的内容。

通常，要了解现代公用事业，就必须明确现代公用事业产品的特点，这些特点具体如下。

1. 双重性特点

从其产品属性来看，一定社会的公用事业产品具有双重性。一方面，在一定社会发展条件下，现代社会尤其是城市所提供的公用事业产品，关系着居民日常生活或基本生活的质量，反映着社会的共同需求，关系着公共利益的维护和发展，从而具有公共产品的特点；另一方面，现代公用事业产品又是随着社会的进步和经济的发展，公众在保证基本生存条件的前提下，会进一步提高基本生活质量的可选择的消费。与此同时，由于现代社会个人经济水平仍然存在差异，而这些产品有可替代品，如只要能保证将饭做熟，不一定非得用煤气，因此，消费还是不消费这些产品，消费多少，都具有较大的弹性。在现代社会，由于工商企业大都集中在城市或者是城市周围，因而它们的消费就是一种企业的生产资源，是企业消费。综上所述可见，公用事业产品既是首先满足个人需求或者个性化需求的产品，又是与企业营利相关的消费品，因而更接近于私人产品。

2. 垄断性特点

公用事业产品是一种垄断性突出的产品，其垄断性形成的原因主要有三个。

相对于不断增长的人口压力而言，生产公用事业产品的资源基本上都具有稀缺性。其中，用于公共交通修路的土地、水源，产生煤气的煤、天然气，一定范围的电信频道等，都具有稀缺性的特点。除此之外，还有许多资源具有不可再生性的特点，尤其是城市周围的水源等更是如此。资源的稀缺以及为了保护和合理使用资源，往往使资源的生产者具有唯一性或者稀少性，从而产生垄断。

随着城市化进程的加快和城市规模的扩大，公用事业产品的生产一般具有投资大的特点，这让一般企业和个人无力投资，只有公共财政投入或者极少数的企业才有经济实力进行生产，从而容易形成市场垄断。

在现实中，公用事业产品大多数具有非固体实物性，既是在提供一种产品，又是在提供一种服务，公用事业产品通常是生产和服务融为一体，从而使生产和经营都具有较强的垄断性。

3. 效益性特点

公用事业产品具有重要的内部收益和突出的外部收益特点，其中，外部收益一般大于内部收益。而内部收益具体表现为：公用事业产品在使社会成员的基本生活有所提高的同时，又满足了个人不同的生活质量需求。除此之外，还给生产者和提供者带来了直接的经济效益。而其外部收益表现为：保证了社会成员作为特定社会或社区成员的基本生活。随着人们生活质量的提高，其体力和智力的发展获得了更好的条件，劳动力质量得以提高，从而为社会经济的发展提供了条件。由于公用事业是城市需要的基础设施部门，是城市赖以生存和发展的物质基础，也是社会扩大再生产必不可少的条件，因而，随着公用事业的不断发展，整个社会的基础设施获得了改善，人的生活质量的不断提高，从而使整个城市或社会协调发展。这也就是公用事业的社会效益，它一般大于所创造价值的直接效益，即社会效益一般大于经济效益。

总之，公用事业具有的涉及公众基本生活质量与突出的外部收益等特点，具有公共性。它在满足公众提高基本生活质量需求的同时，又具有一定条件下的产品可替代性等，具有私人产品的特征，因而，公用事业产品是一种更接近私人产品的准公共产品。

（二）公用事业活动的管理

1. 政府对公用事业的管理

（1）政府对公用事业的管理重点

由于城镇公用事业的特殊性，政府对公用事业的管理，除了制定基本路线、方针、政策，制订好公用事业发展的规划，完善各项法律制度外，在市场经济条件下，政府对公用事业的管理重点应该体现于如下四方面。

第一，维护公用事业建设市场秩序，创造公平竞争环境。在投资资金来源渠道多元化、市场面向国内外主体开放的情况下，政府管理部门在工程招投标、合同管理等方面，需要设置市场准入条件，规范市场秩序，确保公平竞争。在具体制度建设、操作规程方面，要形成有力的约束和保障，以有效防范违法行为。从国内外公用事业建设管理经验来看，要完成这项工作是有一定困难的。

第二，公用事业服务的定价和管制。公用事业服务的定价和管制是一个关键而敏感的问题，既关系到投资者的合理回报，又涉及公众的切身利益，构成各方矛盾的一个交汇点。由于公用事业公共物品的特征，政府必须对其服务进行管制，或者进行公共定价。在公共投资走向多元化，运行机制走向市场化之后，就面临着投资者利益与公众利益如何权衡、兼顾的难题，甚至产生的疑惑。而要想破解如何权衡、兼顾投资者利益与公众利益的难题，可以从两方面入手：一方面，使投资者有利可图，合法权益得到保障，激励各类社会资金进入该投资领域；另一方面，社会公众利益受到保护，福利水平不断提高，相对而言，普通城镇居民是弱势群体，需要通过具体制度与机制，特别是决策机制开展公共选择，维护其利益与福利。

第三，服务质量与监管。公用事业投资主体走向多元化，如何保证各类主体提供公共服务的质量，满足社会公共需求，是维护公共利益的主要内容。

第四，划分各级政府公用事业投资管理权限。在我国的建制市中，有三级行政级别，即国务院直辖市（省级）和计划单列市（副省级）、设区的市（地级）和不设区的市（县级），除了与中央和省级政府及其主管部门进行权限划分外，还有其内部各行政级别政府及其主管部门之间的体制问题，需要在集权和分权之间权衡与选择，以及投资管理权限的划分如何走向制度化、规范化、法制化。

（2）政府对公用事业管理基本模式的内容

①公用事业产品的生产和提供制度

其内容主要包括理论设定和发展趋势。现具体分析如下。

第一，理论设定。准公共产品既可以是公共生产，又可以是非公共生产；既可以是公共提供，又可以是市场提供或者混合提供。由于公用事业产品具有垄断性，将其完全交由市场生产，就会造成产品的需求不足，因而必须由政府介入限制其垄断性。为此，在现代社会，一般不采用市场提供，其生产和提供的基本组合方式主要包括：公共生产、公共提供（完全由政府生产，采取低收费的方式），公共生产、混合提供（完全由公共财政支出承担生产费用，采取保本微利的原则制定价格向公众提供产品），非公共生产、混合提供（由私人投资进行公用事业产品的生产，政府给予补贴，并对数量和价格进行限制）。

第二，发展趋势。在现代社会中，公用事业产品的生产和提供方式的组合中，最主要的就是公共生产、混合提供和非公共生产、混合提供两种方式。欧洲的许多国家以及大多数发展中国家采取的是前者。使用后者的国家较少，如美国公共生产的优点是便于对公用事业产品的生产进行规划和管理，但是公共财政在面对较大压力的同时，又要面对政府所有权的问题。与此同时，由于缺少必要的服务竞争，公用事业产品的质量和服务一直都存在问题。因此，自 20 世纪 70 年代末，以英国的公共企业民营化改革为起点，不少国家都将公用事业产品的公共生产转为非公共生产，这在一定程度上提高了产品的质量，特别是在服务质量方面取得了较好的结果。目前，世界上公用事业公共生产的方式正在减少，但是各个国家都有不同的社会经济发展条件和需求，因而，现在的关键是要从公用事业的基本特点出发，结合自己的国情和公共管理文化传统，去探索最适合自己的公用事业产品的生产和提供方式。

②公用事业产品市场的价格管理

混合提供的方式意味着政府要对公用事业产品的生产和提供进行管理，而最为关键的就是价格管理。

在价格管理中，最主要的就是价格制定，在制定价格时，需要注意以下两方面的问题。

第一，基本价值取向问题。从公用事业产品价格的形成来看，由于公用事业在经营上有较强的垄断性，而且在社会生产和生活中占有重要的地位，具有突出的外部效益，因而其价格形成具有政策约束性。与此同时，公用事业产品是接近于私人产品的准公共产品，需求量大、投入高，因而必须考虑其价值问题。因此，在制定公用事业产品价格时，既要考虑价值——供求关系，又要考虑公众基本需求和社会效益。一般来说，合理的价值取向应该是价格既能够体现经济效益的要求，又能够表现出社会效益的要求。如果在特定的情况下两者发生矛盾，则要以表现社会效益的要求为主。

第二，公众了解和制约问题。公用事业产品是一个涉及公众基本生活质量保证与提高其基本生活质量的产品，它涉及面广，关系到公众的切身利益。因而在现代民主社会中，对这类产品的价格是如何制定的，是否考虑到了公众的基本利益，公众是否享有知情权等，都或多或少地有制约作用。当然，公众对公用事业企业生产产品价格的制约，是要依靠相应的政治制度与具体的政府管理制度来实施的。目前，公众对公用事业产品价格制定的了解和制约，最基本的依据就是价格听证会制度，而要真正让价格听证会制度发挥作用，就必须将企业产品成本核算的重要内容公开。公用事业产品在本质上是准公共产品，是涉及公众基本生活和社会公共利益的产品，不论是公共的还是非公共的公用事业产品生产企业，公开必要的生产耗费是它必须承担的义务。

2. 公用事业组织自身的管理

除了政府介入之外，公用事业组织也要对公用事业产品进行管理。在国家既定方针、政策和法律制度下，公用事业自身管理水平的高低，直接关系到社会服务质量的好坏，影响企业生产经营和居民福利。

通常，公用事业组织对其服务的管理需要强调以下三方面。

第一，处理好城镇公用事业的自然垄断性与公共利益的关系。供电、供水、供气等城市公用事业具有自然垄断性，但是这些公用事业组织应该利用其特点为公共利益服务，为城镇经济社会发展和人民生活水平的提高创造良好的条件，而不是利用其垄断地位谋取本单位、部门利益，甚至是个人私利，并且提供的服务质次价高，这样会损害社会公共利益。这是公用事业组织管理中的一个特殊问题，除政府必要的管制之外，公用事业组织自身对此要也有正确的认识。

第二，在市场化经济和公共利益最大化之间形成最佳结合点。虽然公用事业具有公共性，但是具体到每一种公用事业，其公共性程度有较大的差异。在市场经济条件下，一部分公共性较小、接近于私人服务的公用事业，可以采用市场化经营的方式，通过适度的竞争，提高运行效率，从而为公众提供优质服务。

第三，加强公用事业建设，促进城镇的可持续化发展。由于公用事业的特殊性，在公用事业组织战略管理中，要适当地超前发展，以满足城镇可持续发展的需求。城镇公用设施往往具有网络化格局、投资额大、建设周期长、涉及面广、政策性强等特点，要依据城镇整体的发展规划，适度地超前发展，才能够适应城镇经济发展、社会进步，以及提高居民生活质量的需求。

（三）公用事业中公共项目的管理

城市公用事业管理的运作过程是对具体的公共事务的处理，在确认了公用事业管理的基本问题之后，公用事业管理便主要以公共项目和方案的方式表现出来。公用事业中的项目管理即公共项目管理，是城市公用事业管理过程中的重要内容。公共项目管理主要包括目标和计划的确立、运作方案的拟订和选择，以及运作方案的实施和修正等环节。

1. 公共项目及其要求

从公共政策的角度来看，公共事业管理的主要任务是将由专门的公共机构（如立法、政府部门等）所制定的公用事业产品政策转化为现实。公共政策是根据公共问题的需要而制定的一系列行为准则，公共政策不是具体行为，仅仅是具体行为的指导原则，也可称之为行为的标准。公共政策要通过公共事业管理机构和人员的行为，通过一定的过程才能转化为现实。所谓公共项目就是把公共政策具体化的行为和过程。

确立和实施公共项目，是中低层公共事业管理机构最主要的任务之一。从公共事业管理的层次来看，中低层公共事业管理机构是直接面对社会和公众的，因而其基本的任务和职责就是根据有关的公共政策，以及上级部门关于公共事业总体的或者某一方面的战略决策，通过对管理范围内具体社会问题的确认，最终形成本部门要实施的公共项目，并且进行管理。由此可见，公共项目直接关系到人们的生活环境和生活质量，是可见与可感知的公共管理行为，是公共事业管理于现实生活中的最集中表现。

如果没有中低层公共事业管理人员把政策原则、战略、管理目标转换成具体的公共项目，不仅有关的政策、战略等无法成为现实，而且公众也就无法看到公共事业管理的作用，更无法认识公共事业管理与自己生活的关系，从而降低其参与公共事业管理的积极性。

一般来说，确立一个公共项目时，需要满足以下五方面的要求。

（1）必须把所要实施的公用事业管理活动划分为必要的行为步骤和阶段，以便能够有效地实现公共事业管理的目标。

（2）必须仔细考虑每个步骤之间的关系，尤其是与特定的结果之间的关系，它指向产生某种与一定社区所有成员的利益相一致的结果。

（3）要明确每一步的实施者和责任者，要明确完成该项目的所有管理人员的分工与责任。

（4）要设立明确的时间表，包括每个步骤所需要的时间与完成期限，整个项目的完成日期和每个步骤的完成日期都应该是事先经过深思熟虑的。

（5）要经常检查资源分配与预先规划是否相符合。整个项目的预算应该是清晰而合理的，不能模糊不清或者是不切实际，要对每个步骤使用的资源情况和预算执行情况进行动态检查。

2. 公共项目的目标与计划的确立

在确认公用事业管理问题之后，中低层的公共事业管理机构要根据有关的公共事业管理政策和策略，根据具体的公共需求确立本机构的管理目标和计划，这是整个公共项目管理的第一步。

（1）目标的确立

公共事业管理的目标就是将一定的政策或目的具体化，变成可掌握、可衡量、可操作的东西。不同公共事业管理层的任务是不同的，高层管理人员的主要任务是计划、组织、协调和控制，而中低层公共事业管理人员的任务则是实施、执行、运作和评估。因此，不同层次的管理主体所侧重的目标层次各不相同。较长期的目标，对于中低层的管理者来说并不是十分重要，他们所需要关注的就是具体的和当前的目标。公共项目的目标就是由中低层的管理机构确定的，即公共项目需要具体的和当前的目标。

公用事业管理项目形成中的目标确立，就是根据公共政策或一定的公共事业管理战略，以及具体的公共问题或需求，选择公共事业管理行为所要达到的具体目的和所期望的实施效果。这一目标属于微观层次，是具体操作的指定性管理。在这一目标确立中，中低层管理人员必须注意四点：一是有关的公共政策、公共事业管理策略，以及有关本机构及其管理权限和职责的法律规定；二是在本机构管辖范围内具体的社会需求和现实条件；三是本社区内人们之间的各种利益关系，以综合考虑人们获得利益的最佳方法；四是要进行效果预测，包括对目标实现障碍的估计等。

（2）计划的形成

管理目标确定后，管理人员就应该根据目标制订详细的计划。一般要求在 1 年内完成公共项目的计划，在计划分类中这属于短期计划。一般来说，制订完整的计划应该从以下四方面入手。

第一，阐述目标，即通过具体而明确的阐述，而且应该尽可能将其数量化，表明所选择的目标是哪些内容。

第二，对客观的环境和各种主观的条件进行分析和评估，确认有利的条件和不利的条件，考虑如何运用有利条件，并且最大限度地回避或者是改善不利条件。

第三，根据分析列出可能的运作方案，经过比较后选择适当的运作方案。

第四，确定实施这一项目管理的方法，以实现管理的高效率和资源节省的目标。

对于中低层的公共事业管理而言，在形成计划之后，还必须进一步拟订具体的项目计划书，根据计划制订切实可行的行动方案。这是一项基础性工作。项目计划的合理制订，必须按照确立公用事业中公共项目的基本要求进行。

（3）公共项目的管理

为了有效进行公用事业中的公共项目管理，可以采用目标管理的方法。所谓目标管理，是以科学管理和行为科学理论为基础形成的一套管理制度。其基本内涵是将一个项目的总目标进行分解，划分出若干与总目标相连的具体目标，即一种树状的目标体系，并以目标，即具体的管理结果为依据，明确每个具体目标的负责人、完成时间以及资源配置等。在公共项目管理中，采用目标管理有以下四个优点。

第一，目标体系的建立，有利于明确管理人员的责任，可以减少盲目性，从而达到节省资源、提高管理效率的目的。

第二，目标管理是参与式管理，通常情况下，上级与下级共同明确目标。确定总目标后，将总目标进行分解，逐级展开，让目标的实现者成为目标的制定者，从而促进不同人员参与目标的管理。

第三，根据分解的目标和目标责任制，强调以"自我控制管理"代替"压制型管理"，这就可以使管理人员能够掌控自己的成绩，尽最大的努力将工作做好，从而调动了管理人员的积极性。

第四，由于目标体系的确立和职责的明确，整个过程的控制、监督和评估将会变得更加容易。

当然，采取目标管理的方法也有不足之处，有时容易造成认识上的误区，如项目总目标可以简单地划分为不同的小目标，或者总目标就是小目标的简单加和等，这些认识都是错误的。除此之外，目标管理也对整个公共项目的管理提出了更高的要求，如目标管理要求每个环节上的公共事业管理人员都必须具有高度的责任心、工作热情和创造性。只有这样，才能够确保每一个环节的目标能够如期完成。

3. 公共项目运作方案的拟订与选择

决策是任何管理活动中必须经历的一个环节，决策可以分为程序式决策和非程序式决策。所谓程序式决策，指决策是一个理性的过程，包括一些较为固定的程序式的基本步骤；而非程序式决策，指决策主要是直接和创造性活动的结果，这种决策是一种艺术。根据公共项目本身的特性和其执行者所处的层次，公共项目运作方案的决策是程序式决策。

一般来说，公共项目运作方案的决策分为拟订和选择两个阶段。

（1）公共项目运作方案的拟订

所谓公共项目运作中的拟订方案，就是指对公共项目的目标，即决策的目标进行深入具体的分析、假设、推理和判断，着眼于解决该公共项目运作过程中所遇到的具体问题。拟订方案的价值在于能够为决策提供必需的资源，指出实现公共项目管理目标的途径。决策的关键在于选出最优方案，拟订方案的结果就是为决策提供所需的资源，通过在多种备选方案上择优或者综合选择，从而获得满意的实施公共项目的运作方案。

公共项目运作方案的拟订，具体可以从以下两方面着手。

第一，拟订原则。拟订方案要有目的，要有意识地拟定公共项目的目标，在进行方案拟订时要遵循一定的原则，这些原则具体如下。①可行性原则。在拟订方案的过程中，必须从实际出发，根据公共项目实施的客观环境条件来制订公共项目的运作方案，从而使运作方案具有可操作性，最大限度地接近管理目标。所谓客观环境条件，主要是与项目有关的人力、物力、财力、科技能力和实施时间要求等条件，以及其发展变化的基本趋势。②详尽性原则。多方案比较是做出科学决策的基础，在拟订方案的过程中，应尽可能拟出包括所有实际可操作的方案，尽可能不遗漏任何一个可能通向目标的途径。③互不兼容原则。所拟订的多个备选方案之间必须有原则的区别，是不可兼容的。

第二，可行性分析。拟订方案是公共项目决策中的重要环节，是关系着其他环节能否正常运行的环节，因此，为保证和增加拟订方案的可靠性和可行性，就要进行方案的可行性分析。可行性分析通常是由研究人员、专家和实际工作人员对方案的可行性提出问题，方案制订人员进行答辩与论证，完整的可行性分析应该包括三个方面。①限制因素分析。任何一个方案都是在一定条件下进行的，因而必须分析论证方案所限制的资源、时间、技术及其他相关条件，分析方案在哪些条件下可以实行，在哪些条件下无法实行。②潜在问题分析。在方案实施过程中可能会发生哪些问题和障碍，若发生这些问题和障碍之后，有没有进行补救的可能以及如何进行补救。③结果分析。分析方案所设定的实施预期结果与公共项目实施基本目标的一致性及其程度，以及这一公共项目运作方案的社会效益、经济效益及其影响等。

（2）公共项目运作方案的选择

所谓公共项目运作方案的选择，就是管理者在对所制订的多种备选方案进行全面的对比和评价的基础上，根据一定的标准，最终选定运作方案的过程。在方案选择阶段，最常用的判断标准有两种：满意标准和合理性标准。满意标准主要是强调决策者在收集信息、拟订方案、选择方案和实施决策阶段，不是绝对满意，只是相对满意。而合理性标准则强调必须尽可能发挥决策者的努力，通过审视决策各个阶段的工作质量，最终决定决策的正确性和有效性，而不仅仅在于决策时采用某种标准。每一种标准都有其优势和劣势，在具体的实施过程中都会运用。而为了应对发展的多变性，应该将两个标准结合起来，努力来获得相对满意的结果，从而获得最优的决策。

4. 公共项目运作方案的实施与修正

在公用事业的公共项目管理活动中，一旦对运作方案做出决策，接下来就要全力实施方案，使管理目标和相应的决策变成具体的行动，以获得预期的效果。实际上，决策目标的实现不仅依赖于最佳行动方案的合理选择，而且依赖于决策执行的最后结果。而决策的实施是一个过程，这个过程大概经历了三个阶段：准备、落实和评估。

（1）实施的准备阶段

这个阶段主要是为决策的贯彻落实做好前期准备工作，创造必要的主客观条件。在这个阶段，主要做好这四个基本工作：一是制订实施方案，进一步把决策目标分解为具体的执行目标或阶段目标，从而确定具体的、具有操作性的行为步骤；二是做好思想准备，运用新闻媒体、会议、公文等多种形式进行广泛的信息沟通与传播工作，使公共项目的具体执行者、决策者影响相关的公众，使其充分理解公共项目的价值、内容及其影响，从而对所要实施的公共项目产生认同感，在心理上、精神上和思想上做好参与和配合公共项目实施的准备工作；三是提供组织和人力支持，根据所抉择运作方案的要求对公共事业管理机构进行重组，按目标管理的要求将任务层层落实到具体的组织机构、部门和管理人员上，与此同时，要制定出相应的规章制度；四是保障财物供应，要根据决策目标和实施方案，进行详尽的开支预算，筹措所必需的各种物资材料。

（2）实施的落实阶段

在进行了必要的准备之后，运作方案将进入落实阶段。这一阶段的主要任务是根据需要设立一定的指挥中心，努力做好沟通与协调工作，并进行有效的控制。在这一阶段，要对运作方案的可靠性进行验证，而能否正确有效地进行验证关系到运作方案的控制失效与成功。控制失效可能会发生在实施过程的任一阶段，从而产生早期失效、偶然失效和耗损失效。早期失效指的是在决策实施早期所发生的失效。这种失效可能有两方面的原因：一方面，是由于传统习惯的阻力和人们对公共项目的不了解；另一方面，是在制定政策时出现失误或者脱离实际。前者的解决办法是进一步进行宣传、解释和推动工作，而后者的调整办法就是应该撤回或者修订已经做出的决策。偶然失效指的是运作方案实施进入中期时发生的失效。在进入实施中期后，由于前期的控制和适度调整，实施情况渐趋正常，失效的情况逐渐减少。这时有可能会出现失效，但是这种失效往往是由一些偶然因素造成的。此时，要根据失效的影响大小来决定是否需要调整及如何调整。耗损失效指的是在方案实施的后期出现的失效。当方案的实施进入后期，由于环境和情况都发生了较大的变化，而这一后期的变化往往是较难预测准确的，因而运作方案与实际情况不适应的状况会不断加剧，方案的失效率也就会随之上升。对耗损失效应该做出量的分析，从而决定是否有必要制订新的决策方案。

（3）实施的评估阶段

运作方案落实之后，应该对整个活动过程与效果进行检查和评估，以总结经验教训，为今后的决策实施工作提供借鉴，与此同时，也要对决策本身的正确与否加以检验。评估阶段的主要内容是效果检验和绩效考核。前者是指将落实后所产生的结果与预定的决策目标相对照，看实施的效率与结果如何；后者是指对整个公共项目实施中有关组织机构和人员的贡献、能力、控制与管理水平等进行评价。

全面、正确的项目评估，不仅是公共事业组织优化资源配置、提高项目效益、降低风险的重要手段，还是体现国家宏观经济发展规划和投资政策，实现项目决策与管理的科学化、民主化、规范化和法制化的重要措施。它可以给政府、公共事业组织等建设主体在进行项目决策时提供依据，以促进项目决策和管理的科学化和民主化。在项目实施阶段结束之后，项目评估提供的数据能够为项目是否需要进行修正以及如何修正提供参考。

第三节　事业单位经济管理的内部控制

一、事业单位内部控制的认知

关于事业单位内部的控制，可以从以下五方面进行分析。

1. 内部控制理念为先。内部控制一定是从防控风险的目的出发而设置的一个管理控制体系，单位做内部控制不是只做给别人看，一定是领导者有风险防范的意识和理念，是高层管理者结合单位发展需求与目标，以及管理现状而形成的一种必要性判断，具体化为一系列特殊的管理控制活动。所以，内部控制一定是理念为先，没有理念支撑的内控就像是无源之水，不能持续地进行。

2. 内部控制重在过程。内部控制一定是在具体的业务过程或管理过程中形成的一个体系，以控制业务活动方向，调整管理活动的力度，保证风险可控，让业务活动和管理活动合理可行。

3. 内部控制效在方法。内部控制的方法有多种，可以有所选择地使用。选择内部控制的方法，应该依据工作对象选择好用、效率高的。具体的控制环节一定需要与合适的控制方法相匹配，才能做到有效控制。

4. 内部控制依托制度。依托制度的管理控制是现代管理的基本职能之一，内部控制的实施一定是以防控风险为出发点，形成独立的或与其他制度相融合的管理制度体系。内部控制的依据一定不仅仅是内控手册，手册是对核心控制内容的要求，单位执行的各种各样的制度也是内控体系不可或缺的依托。

5. 内部控制需要环境。内部控制的有效性和内控实施的环境相关。内部控制环境主要包括组织使命、组织文化、核心价值观、社会责任、发展方针、运营理念和战略目标、领导素质、权限分配、组织架构、人力资源政策等。庄稼需要好的土壤才能生长和收获，好的内部控制一定要与相应的内部控制环境相匹配，这样才能有效地发挥作用。所以，内控设计要考虑内控环境的影响，内控实施需要不断优化内控环境，以提升内控和环境的匹配度。

二、事业单位内部控制的原则

事业单位建立与实施内部控制时，应该遵循下列原则。

1. 全面性原则。内部控制应该贯穿单位经济活动的决策、执行和监督的全过程，以实现对经济活动的全面控制。内部控制应该覆盖单位的全部经济活动，以实现全方位控制；应该将内部控制的思想、制衡机制和控制措施落实到经济活动的各个环节，以实现全过程控制；应该对单位所有相关人员，包括对单位负责人进行控制，以实现全员控制。

2. 重要性原则。在全面控制的基础上，内部控制应该关注单位重要经济活动和经济活动所存在的重大风险，对本单位的重要经济活动的业务环节采取更为严格的控制措施，对经济活动的重大风险环节采取更为严格的控制措施。

3. 制衡性原则。内部控制应该在单位内部的部门管理、职责分工、业务流程等方面相互制约和相互监督。内部控制要确保不同部门、岗位之间权责分明、相互制约、相互监督。与此同时，要兼顾运行效率。

4. 适应性原则。内部控制应该符合国家有关规定和单位的实际情况，并随着外部环境的变化、单位经济活动的调整和管理要求的提高，不断修订和完善。内部控制应该与本单位性质、业务范围、经济活动的特点、风险水平相适应。内部控制应该与所处内外环境相适应，根据新的变化和要求及时完善制度、改进措施和调整程序。

三、事业单位内部控制的方法

事业单位内部控制的目标是通过采用具体而有效的控制方法来实现的。控制方法是为控制某项风险而有目的地采取的方法，控制方法应用到具体业务过程便是具体的控制措施。通常，事业单位经常采用的内部控制方法主要有以下八方面。

1. 不相容岗位相互分离。合理设置内部控制关键岗位，明确划分职责权限，实行相应的分离措施，形成相互制约、相互监督的工作机制。

2. 内部授权审批控制。明确各岗位办理业务和事项的权限范围、审批程序和相关责任，建立重大事项集体决策和会签制度。相关工作人员应该在授权范围内行使职权、办理业务。

3. 归口管理。根据本单位实际情况，按照权责对等的原则，采取成立联合工作小组并确定牵头部门或牵头人员等方式，对有关经济活动进行统一管理。

4. 预算控制。强化对经济活动的预算约束，使预算管理贯穿于单位经济活动的全过程。

5. 财产保护控制。建立资产日常管理制度和定期清查机制，采取资产记录、实物保管、定期盘点、账实核对等措施，以确保资产的安全、完整。

6. 会计控制。建立健全本单位财会管理制度，加强会计机构建设，提高会计人员业务水平，强化会计人员岗位责任制，规范会计基础工作，加强会计档案管理，明确会计凭证、会计账簿和财务会计报告处理程序。

7. 单据控制。根据国家有关规定和单位的经济活动业务流程，在内部管理制度中明确界定各项经济活动所涉及的表单和票据，要求相关工作人员按照规定填制、审核、归档、保管单据。

8. 信息内部公开。建立健全经济活动相关信息内部公开制度，根据国家有关规定和单位的实际情况，确定信息内部公开的内容、范围、方式和程序。

第四节　事业单位经济管理行为与创新模式

一、事业单位经济管理行为

我国的社会主义性质决定了事业单位的数量庞大，其涉及职能范围极广，而且还承担着发展我国经济与文化的重任。因此，事业单位日常工作的及时高效开展，对满足广大人民物质文化生活需求意义重大。当前，在市场经济不断完善与发展的前提下，我国事业单位财政经费来源也日渐广泛，这就要求其在经济管理中树立风险意识，以确保事业单位的长期稳定发展。

在事业单位实施经济管理极为重要。其主要原因如下：在事业单位实施经济管理可在一定程度上降低成本，实现单位资本效益最大化；由于经济管理存在一定双属性，在当前市场经济快速发展的前提下，事业单位经济体制也随之发生了较大的变化，已经由传统的计划经济转变成市场经济。这就要求事业单位在服务社会的同时，还须将产品所产生的效益情况纳入单位的经济管理中，这样才可以促进其经济收益有效提高。

（一）事业单位经济管理行为存在的不足

1. 优质人才欠缺。由于计划经济的影响，很多事业单位在发展过程中未能高度重视本单位的经济管理。究其原因，主要是大部分事业单位未设立专门负责本单位经济管理相关工作的部门，而且也比较缺乏高素质的经济管理人才，而经济管理的工作均由本单位财务部门工作人员负责。这就导致经济管理停留于财务层面，预算管理、无形资产管理与成本费用控制均未能得到足够重视，进而导致经济管理工作难以与本单位发展步伐相适应。

2. 经济管理体制不完善。目前，我国一部分事业单位经济管理体制尚不完善，从而对单位的经济管理工作的有效实施产生不利影响。除此之外，很多事业单位对相关政策与规定仍然缺少了解，这就让经济管理制度的制定与完善缺少相应的依据。另外，部分事业单位依然应用传统管理方法，导致其在经济管理上难以彻底改变，进而使经济管理的作用不能真正发挥出来。

3. 资金、资源大量浪费。当前，一部分事业单位资金的使用缺少合理性，尚未将政府财政拨款纳入单位实际需要与发展重点上，很多单位将资金用在盲目建设上，从而使得一大部分建设工作缺少实用性。最为典型的是，在部分事业单位，某一新任领导上任后，为了提高该单位业绩多会通过项目建设，却没有充分考虑这些建设项目的实用性，造成大量资金与资源被浪费。

4. 单位内部财务风险尚未被充分认识。以往事业单位的主要经费来源于国家支持，因而不存在经济风险，这也导致很多事业单位领导人未能充分认识本单位在财务上所存在的风险。目前，随着社会的不断发展，事业单位经费的来源更为多样化，因而其经济存在一定风险。很多单位领导人受计划经济影响，对本单位财务风险未能进行充分认识，从而导致该单位资金使用无规则、无规划，这在很大程度上增加了事业单位的财务风险。

（二）事业单位经济管理行为的应对策略

作为事业单位，在进行经济管理时，要运用以下这些策略。

1. 加大优秀经管人才培养的力度。事业单位加大对优秀经管人才的培养力度可从以下这些方面着手：在开展经济活动时，事业单位应该以成本效益为基础，在确保本单位实现所需社会效益的同时，还要对资源配置进行合理优化；事业单位须不断提升经济管理人员的整体素质，培养高品质的人才，以吸引优秀队员加入。除此之外，还应强化对现有员工的专业培训工作；事业单位可通过建立专业部门来主导本单位的经济管理工作，通过专业部门与专业人才来处理专业工作，从而提高单位员工对经济管理的积极性、主动性，强化其经济管理意识。

2. 增强对单位内部管理制度的优化与完善力度。加大对事业单位机构内部经济管理行为的改革力度，在遵循相关法律法规的前提下，制定并完善事业单位内部管理制度。在后续的具体实施过程中，则须将所制定的相关管理制度彻底落到实处，以防止管理制度流于形式，而无实际效果。

3. 加强对财务预算管理的力度。财务预算是开展各项经济管理工作的核心环节。通常，事业单位在对下一年度资金分配进行规划时，应该以当年与往年资金使用具体情况为参考，以达到资金的合理分配，实现收支平衡。这就要求事业单位在资金分配时要将公共机构财务报表进行财务预算，并于年终对单位资金的使用情况进行总结评估与分析，为下年财务预算提供参考。

4. 提升财务风险意识。处于市场经济背景下的事业单位应该紧跟时代的步伐，摒弃原有的落后思想，对经济管理中可能出现的财务风险予以规避。因而，新形势下事业单位应该强化经济管理部门领导人与工作人员的风险意识，未雨绸缪，对本单位财务运作进行规范，建立相应的风险预警体系，以促进本单位风险应对能力的有效提高。

事业单位实施有效的经济管理行为可以促进其稳步发展。增强工作人员财务风险意识，培养优质人才，完善相关管理制度，严格财务预算管理等措施，都有助于我国事业单位更为稳定、健康地发展。

二、事业单位经济管理创新模式

由于事业单位的特殊性，其经济管理工作非常复杂。目前，随着我国各项事业不断深化改革，事业单位的经济管理也取得了一定的成就，但是事业单位的经济管理工作依然面临着不少问题。在全新经济形势之下，事业单位要想更加高效地开展经济管理工作，就需要依据当前市场经济体制的改革需求，对单位的经济结构进行优化调整，促使事业单位的成本目标收益得到提升，有效降低生产运营成本，确保在规定时间内完成预设的经济目标，最终提高社会效益和经济效益，让事业单位的经济管理工作迈上一个新台阶。

（一）事业单位经济管理创新模式存在的问题

1. 重视度不够

在很多事业单位，一些领导和管理人员不太重视经济管理工作，特别是在财务管理上掉以轻心，既缺少基本的财务管理知识，又对财务管理的相关法律法规不了解。由于领导和管理者的疏忽大意，在单位财务管理过程中存在着执行法律法规意识淡薄、执行法律法规不到位、不能够严把财务关的现象，不能够将相关财务知识的学习纳入正常工作当中，从而造成了事业单位财务管理的混乱。除此之外，很多事业单位对财务和业务不能进行有效的管理，两者之间相互脱节，这些行为都使得事业单位的财务管理工作不能够发挥其相应的作用，既影响到事业单位的健康发展，又影响到各项机制法规的正常执行。

另外，还有一些事业单位，总是侧重于经费支出、内部审批程序等基础性的会计工作，不重视自己单位的预算管理、资产监督、财务分析等工作。事业单位内部的财务管理工作过于简单，经济管理模式残缺不全，使得事业单位的财务管理模式不能够适应新经济常态下的发展要求，不能够紧跟时代发展的步伐，结果使资金得不到有效的发挥，或资金严重浪费，从而不能够获得相应的效果。

2. 预算编制不完善

在事业单位的经济管理工作中，预算管理是一个十分重要的组成部分，预算管理往往与事业单位的经济效益直接挂钩，有效的预算管理能够提高资源的利用效率，保证单位获得良好经济效益。但是很多事业单位在进行预算编制和预算执行时，没有认识到该项工作的重要性，采用的工作方法比较单一，从而不能够满足新经济形势之下经济管理工作的需求。另外，很多事业单位的预算编制比较仓促，在编制之前没有进行有效的论证和分析，缺乏科学性，不符合事业单位的发展要求。

除此之外，在预算收支管理过程中还普遍存在预算外收支和支出管理不规范的现象，这一现象的出现不仅会造成财务相关工作的混乱，而且很容易使事业单位的经济管理陷入窘境。与此同时，还有一些事业单位利用财务管理漏洞，将应该纳入单位管理预算外的资金统一纳入整个预算案当中，对资金的使用进行了隐瞒，甚至私自占用单位资金。再加上一些事业单位的考核监督机制不到位，各项监督审核只是停留在表面，流于形式，不能发挥其应有的监督作用。

3. 财务人员专业素质不高

财务人员专业素质不高是造成事业单位经济管理工作效率难以提升的一个主要因素。很多事业单位财务人员的学历与受教育水平普遍较低，在上岗之前也没有进行系统化的专业培训，这些工作人员的财务管理观念比较陈旧，又缺少财务方面的基础知识，不能够运用新的管理方法，适应新的管理环境。由于他们一直坚持运用传统的管理方式，因此让事业单位的财务管理效率较低，管理质量较差，很容易出现人为的疏漏。再加上很多事业单位的财务管理工作比较薄弱，其很多财务人员经常在基础财务管理方面出现这样或那样的问题，从而给经济管理工作造成了严重损失。

（二）事业单位经济管理创新模式的对策

1. 构建完善的事业单位财务管理机制

作为事业单位的领导人员，必须提高认知，坚持从自身做起，以身作则，要用正确的思想观念和理念促进事业单位更好地发展。作为事业单位的领导人员和管理层，应该认识到事业单位经济管理工作的重要性，而且要树立全新的财务管理理念，注重做好事业单位的管理成本控制；要树立良好的成本观念，更好地把握事业单位的财务管理风险，并结合经济改革的趋势，对事业单位的管理方式做出适当调整。与此同时，领导人员和管理层还要树立市场化的发展理念，要面向市场实现资源的高效利用，从而积极壮大经济实力。

除此之外，在经济管理工作中，还要求领导人员实施宏观调控、总揽财务、严格单位内部监督机制等工作，要进一步提高事业单位内部经济管理的监督管理意识，进行科学有效的监督管理，规范经济管理行为。当然，也要进一步提高财务管理人员的招聘门槛，按照竞聘上岗的机制逐渐净化工作队伍，要保证招聘到的财务人员既具有专业证书，也具有高素质的专业能力。而对于事业单位内部的审计部门而言，还应该注重做好财务管理的监督检查工作，及时发现和纠正财务管理过程中所出现的问题，及时发现违法乱纪行为，并采取解决的处置措施。

2. 加强预算管理工作

预算管理是事业单位经济管理的一个重要组成部分，只有加强预算管理，才能够提高资源的利用效率。在预算管理工作中，要保证预算管理的精确性和合理性，要结合事业单位的实际发展情况，清楚预算编制的准备期并适当延长，从而对事业单位的预算进行全面掌握和有效控制，合理地安排编制时间，保证整个方案编制的科学合理。在制订事业单位预算方案时，应该对事业单位内部的收支情况进行一次全面的统算和管理，以保证各项分配制度科学合理。与此同时，还要积极征求单位职工的意见和想法，掌握各个部门的意见，在汇集各种意见之后，召开相应的讨论会议，从而制订出最合适的预算管理方案。

3. 提高财务管理人员的专业素质

财务人员的专业素质对企业单位的经济管理有着最直接的影响，因此要切实做好财务管理人员的专业素质培训教育工作，构建完善的培训机制，全面提升整个工作队伍的专业素质和工作能力。事业单位必须加强对相关人员进行在职培训。另外，还应该加大培训力度，保证培训方案的合理性，并且要明确具体的培训周期和培训时间，努力提升整个工作队伍的专业素质，确保他们能够全面掌握相关的法律法规和专业技能。

在经济新常态下，事业单位应该顺应时代发展的潮流，不断吸收社会出现的创新管理要素，深刻认识到现阶段事业单位经济管理模式所面临的多种制约和不足之处，对现行的经济管理模式进行不断的创新，提升事业单位的整体经济管理水平和管理能力，确保资金使用的科学与合理，最终实现事业单位经济工作的健康与可持续发展。

第五章
资产管理在事业单位经济管理中的作用

第一节　事业单位资产管理的理论分析

一、事业单位资产的概念、分类

（一）事业单位资产的概念

事业单位资产主要指的是事业单位所占有使用的，包括有形资产、无形资产、固定资产等各种经济资源的总称。这些资源都是能以货币换算并且在法律上得到认可的资产。

（二）资产管理新论

自我国开始实行改革开放以来，我国的经济就在快速向前发展，并且随着时代的进步，市场经济不断地深入和扩大，为了更好地适应当前新的经济模式和社会的需求，资产管理新论应运而生。这个新的理论，是针对过去资产管理理论的更新和改革，在具体实施和细节方面都进行了全新的变动，以更好地适应时代和社会发展的新的需求。

（三）事业单位资产管理理论

在相当长的一段时间里，资产在整个国民经济中都起着支柱的作用，为国家和政府带来了相当大的一部分收益，发挥着不可替代的作用。在多年的发展当中，资产管理体系也在不断地发展完善，目前也取得了许多令人瞩目的成果。尤其是进入 21 世纪以来，国家相继出台了专门针对这些事业单位资产的管理办法和制度，为以我国事业单位中资产为代表的非经营性资产的管理提供了有效手段和制度保障。一般来讲，事业单位资产一般具有两种性质。第一，提供公共服务。主要是确保社会各个部门能够正常地履行其职责，确保社会及社会组织的正常运行，所提供的所有服务都不以营利为目的。第二，不营利的性质。事业单位在不以经济利益获取的前提下，为各项工作的顺利开展提供无偿的服务，同时也为各项工作的顺利进行无偿提供其所需要的物质保障。

（四）事业单位资产的具体分类

事业单位的资产我们可以将它划分为不同的类别。一是固定资产。固定资产指的是可以以货币来衡量的、处于使用中或拥有使用权的资产，一般有房屋、车辆、生产设备等。二是流动资产。流动资产指 1 年中可用来调动的资产，一般有房租、员工工资、员工激励奖金，还有用来解决突发状况的那部分资金。三是无形资产。无形资产一般指专业人士所掌握的那部分技能、知识以及各种权利名誉。四是投资资产。投资资产指的是事业单位会在总资产中预留一部分资产用来进行投资，进而进一步产生效益。

自从中国加入世界贸易组织以来，中国的经济与国外接轨，经济发展形式也发生了转变，传统的资产管理已经不能很好地适应新的经济形势。针对这一问题，近年来我国相继出台了专门针对这些事业单位的管理办法和制度，使我国对事业单位资产管理改革进入一个新的阶段。良好的资产管理体系的建立，是现代社会发展和保障社会各项服务正常运行的客观需要。事业单位的管理模式也要随着社会的不断发展而做出调整，才能更好地满足社会的需求。事业单位资产在我国资产中始终占据重要地位，对我国的经济发展有着重要的影响，为我国各项事业的顺利开展也提供了重要的物质保障。有关部门首先要制定出一套行之有效的制度规范，确保涵盖在对资产管理的过程中各个部门所要负责的内容，以及在出现不同问题时所要采取的相应解决办法。从事业单位中分出一个部门或机构来对事业单位的资产进行专门的管理，对不符合经济发展特点和时代进步需求的管理模式进行改革和创新。更为重要的一点是，管理机构应当根据当地的实际情况，制定出符合本地实际的管理模式，大量引入管理人才，专门负责对资产的管理，并且确保管理人才的薪资待遇和福利水平，建立一套完整有效的事业单位资产管理体系。

二、事业单位资产管理体制与模式

（一）资产管理主体只能是专司社会公共管理的职能部门

我国以前以计划经济为主导，在这样的背景下，国有经济占据着整个国家经济的主导，经济主体都是政府部门，差别并不明显，无法分辨出一个专门管理资产的职能部门。但是随着我国市场经济的不断发展，各种所有制相继出现，政府和公共管理者之间的差别也逐渐开始明显。在现代社会的背景下，只有建立起专门的资产管理的职能部门，社会的公共利益才会不受损害，也能使其发挥最大的作用。

（二）实物管理与价值管理的结合

在计划经济体制下，各个企事业单位或社会经济团体之间的差异较小，社会财产是依据个体需求进行划分和发放的，而划分和发放的内容多以实物为主，个体之间并不存在很大区别。但是市场经济的情况确实有所不同。在市场经济体制中，市场竞争要远远大于按需分配的计划经济，市场经济中的不确定性要求对资产管理的力度要大大加强，将实物管理与价值管理结合起来，才能满足市场不断发展的新需求，满足社会公共服务的需求，为社会各项工作的开展提供物质保障。这二者的有效结合，能够使资产得到更加有效的利用，促使资产能够发挥更强大的作用。

（三）三层立法、四主体监督

我国对事业单位资产的管理采取三层立法、四主体监督的制度。三层立法是指人大立法层、资产拥有者的地方立法层、资产使用者立法层，这样明确的分工使得在对资产的管理上更加清晰明确，管理更加到位，每一层只需要管理好自己所负责的领域，承担起该肩负的责任就能够对资产进行有效的管理。四主体监督是指行政监督、审计监督、社会监督和内部监督。这四个主体从四个方面实行监督，构成了一个全方位、多角度的监督体系。它们相互配合、相辅相成，共同保障事业单位的资产在社会活动的顺利开展和进行。这四个主体之间也能够相互监督、促进，保证各方都能够有效地履行自己的监督责任。

三、我国事业单位资产的分布和特征

一般来说，我国事业单位资产具有以下特征。

（一）配置的非生产性

事业单位的资产都不属于各个生产领域，也不会被作为资本投入任何生产领域中去，这些资产都只存在于各个行政机关、审计机关等所属的事业单位。它不用于创造更多的利润，而是为了维护社会各项事务和活动的顺利进行，并为此提供物质基础。

（二）使用目的的服务性

一般来讲，事业单位资产为社会提供公共服务，是指事业单位在不以经济利益获取的前提下，为各项工作的顺利开展提供无偿的服务，同时也为了各项工作的顺利进行无偿提供其所需要的物质保障。

事业单位的资产都不是某些项目所得的利润，而是由国家直接财政拨款，这部分资产一般不用来投资、生产，也不用来获取更多的利润，这一部分资产完全是为了社会、政府某些工作和部门的正常运作而提供服务和财政支持的。

（三）补偿扩充资金的非直接性

事业单位的资产，并不能投入其他生产领域中去，它在使用的过程中只能被消费。而它的来源是国家的财政支出，而不是直接的生产利润。

四、我国事业单位资产的形成渠道

（一）利用财政性资金购置

为了保证事业单位的资产能够有效地履行其职责，各项经费被用来购置房屋、汽车、办公设备，这是形成事业单位资产的一个渠道。

（二）国家调拨

国家不以营利为目的，将国家所拥有的固定资产，例如房屋、车辆、各种设备等分配给事业单位，作为事业单位资产的一个重要来源。

（三）单位按照国家政策规定组织收入购置

根据国家政策规定，事业单位的资产除了国家的分配调拨以外，还有一部分来源于一些额外的收费，可按照国家政策规定组织购买资产来作为事业单位的资产。

（四）接受捐赠

事业单位会经常举办社会活动和公益性活动，在这些活动中有时会受到一些主办单位、服务对象等的捐赠，这部分捐赠也可作为事业单位的资产。

第二节　事业单位资产管理的范畴界定及规模分析

事业单位是我国特有的概念范畴，与之相关的、其所占有使用的资产范畴在我国有多种称呼，包括公共资产、公益资产、公共部门资产、事业单位资产、事业资产、非经营性资产等，但对于不同概念的内涵、外延及相互关系却没有明确的界定，部分概念范畴交叉，使用混乱。在展开论述事业单位改革之前首先对与事业单位资产管理相关的若干范畴予以界定，进而确定研究范围显得十分必要。在展开论述事业单位资产管理改革之前，对事业单位占有使用的资产类别及规模进行分析也十分必要。

一、与事业单位资产管理相关的范畴界定

与事业单位资产管理相关的概念范畴主要包括三个方面。即事业单位、事业单位资产和事业单位资产管理，弄清这三个概念有利于更好地分析和解决我国事业单位的资产管理问题。同时在对这三个概念进行范畴界定的过程中，也要对类似概念进行辨析，找出异同。此外，尽管事业单位是我国特有的概念范畴，但国外也有很多性质和功能与之类似的机构，对中外相关概念范畴进行对比分析，有利于更好地把握我国事业单位的特点及不同，从而有针对性地开展研究工作。

（一）事业单位的范畴

1. 事业单位的职责和地位

事业单位是对非政府机关、群众团体、企业组织的社会公共服务型事业组织的一种约定俗成的称呼。它是我国特有的一类组织，是在计划经济体制下形成的，沿袭至今仍一直是我国的第二大类组织。在我国，大多数事业单位建立的目的是提供公共服务，服务领域涵盖教育、科技、文化、卫生、体育、农业、交通及其他公共管理等。

2. 事业单位的范畴界定

事业单位概念虽多次演变，各有不同，但都强调事业单位提供服务的公共性、公益性、非营利性和服务领域的广覆盖性。因此，事业单位是指基于遵循公共服务理念，满足社会公益目的，而由各级政府机关、非政府组织、个人及其合伙形式依法举办、依法运行的非营利性公共机构（或组织），其从事的事业范围包括教育、科技、文化、卫生、体育、农业、交通及其他公共管理等。要正确理解这一概念，需把握以下几个方面：第一，"事业单位"概念与"事业"范畴密切相关，两者通常混用；第二，"事业单位"是约定俗成、不断演变、不断扩充的概念；第三，"事业单位"概念含有的所有制意义有所弱化，民办"非营利组织"越来越多；第四，事业单位的非营利性不断强化，与一般企业区分明显；第五，事业单位的"公共性""服务性""公益性"等均得到不同程度的强化；第六，"事业"范畴有所扩充，但相对稳定，集中在教育、科技、文化、卫生、体育等主要活动领域。

3. 事业单位的分类标准及现有类别分析

为了更好地分析事业单位及其资产管理问题，有必要明确界定事业单位的类别。目前，关于事业单位的分类有多种标准，一般来说，对事业单位的划分有三种：一是按照财政管理方式划分，即按照事业资金是否由财政全额支出划分，可以将事业单位划分为全额

拨款事业单位、差额补贴事业单位、自收自支事业单位三大类。目前，事业单位的这一分类为许多管理制度和研究人员采纳和使用。二是按照事业单位的职责性质划分，即按照事业是否为政府必须履行的职能或市场无法提供的，分为代担行政角色的、担当社会角色的、代担市场角色的三大类。这与中央机构编制委员会办公室（简称中央编办）的分类基本一致［中央编办经国务院批准制订的《关于事业单位分类及相关改革的试点方案》（征求意见稿）］。三是按照社会功能，将事业单位划分为承担行政职能的、从事公益服务的和从事生产经营活动的三大类。

（二）事业单位资产的范畴

事业单位资产是公共资产的一大门类，明确其定位并弄清楚一系列相关概念有利于更好地界定其范畴，同时需要明确的是，"资产"是会计学的重要概念，应遵从该学科的基本范畴规范。

1. 事业单位资产在公共资产中的定位

事业单位资产是公共资产的一大门类，要正确把握其概念，需要区分以下相关概念：公共部门资产、公共资产、行政单位资产、事业单位资产、经营性资产、非经营性资产。公共部门资产是公共部门占有和使用的资产，更多地出现在西方学者的论述中。公共资产是公共部门用于提供公共服务的资产。行政单位资产和事业单位资产是公共资产的两大组成部分，前者是专门用于提供公共服务的资产，具有鲜明的公共性特征；后者则是事业单位占有或使用的具有中国特色的公共资产，其在表现出公共性和公益性的基础上，还表现出一定的经营性。非经营性资产是与经营性资产相对应的，指的是不用于生产经营或不以营利为目的而投入使用的各类资产。

2. 事业单位资产在经济学和会计学上的范畴界定

要清晰界定事业单位资产的范畴，首先要明确"资产"的范畴。"资产"属于经济学或会计学范畴，长期以来，传统经济学和会计学所界定的"资产"主要是企业资产或者说私人部门资产，强调资产是一种经济资源，具有经济性和可计量性。如传统经济学认为，资产是指可作为生产要素投入生产经营过程中，并能带来经济利益的资产。而会计学尤其是企业会计学对资产有着更清晰严谨的定义；资产是指企业过去的交易或者事项形成的、由企业拥有或者控制的、预期会给企业带来经济利益的资源。其中，企业过去的交易或者事项包括购买、生产、建造行为或其他交易或者事项，预期在未来发生的交易或者事项不形成资产。由企业拥有或者控制，是指企业享有某项资源的所有权，或者虽然不享有某项资源的所有权，但该资源能被企业所控制。预期会给企业带来经济利益，是指直接或者间接导致现金和现金等价物流入企业的潜力。在符合资产定义的基础上，经济资源要确认为资产还要满足两个条件：一是与该资源有关的经济利益很可能流入企业，二是该资源的成本或者价值能够可靠地计量。很明显，传统"资产"定义已不能满足公共部门及非营利组织的需要，旨在提供公共服务部门的资产尤其是公共资产需要重新定义，因为它们与传统资产有着本质区别，既很难带来实质的经济利益或者经济增加值，也很难用货币准确计量其价值及创造价值的能力。基于此，新型"资产"的界定不能只关注其经济特性和价值性，更要关注其产权特性和社会性。

3. 事业单位资产的范畴界定

综合考虑"资产"的经济性和社会性，事业单位资产可界定为：事业单位占用或控制的，由过去的服务事项或管理活动所形成的，预期会给全部或部分社会公众及特殊社会群体带来社会效益的各类资源，包括各种财产、债权、自然资源及其他权利等。该定义需要明确四点：第一，事业单位资产是事业单位占用或控制的，但从历史渊源看，这些资产的所有权大多数归国家，事业单位仅有占用权或控制权；第二，事业单位资产是由过去的服务事项、管理活动或政府投入所形成的，事业单位不同于企业，其资产来源不是交易或事项，而是提供服务事项或管理活动，如为发展教育而投入财政资金形成的资产，为提高资产使用效率而将闲置房屋出租形成的资产；第三，事业单位资产所产生的效益不单是经济利益，主要是社会效益，如社会公众接受服务的认可度或满意度，且大多不能以货币准确计量；第四，事业单位资产包括经济资源、社会资源、自然资源、人力资源等各类资源，而不只是可以以货币衡量的经济资源。

4. 事业单位资产的三大特性分析

从公共产品理论及延伸而来的公共管理理论角度，不难理解事业单位资产具有公共性和公益性的特性，随着市场经济体制的逐步确立，部分事业单位提供服务的经营性有所增强，其资产的经营性特性也开始显现。

（1）事业单位资产具有公共性

事业单位资产具有公共性主要源于事业单位组织形式及其所提供产品（服务）的公共性。从事业单位的出现及其发展演变看，事业单位的组织形式以国家举办、集体举办为主，且目前为止仍绝大多数挂靠在特定的机关和公务部门之下，而其目的也主要是作为政府部门的附属机构帮助政府完成一些公共职能，为社会公众提供市场不能提供或不愿提供的各类公共产品（服务）。事业单位的这一定位决定了其所提供产品（服务）具有鲜明的公共性特征，也决定了事业单位的资产具备公共性特性。当然，事业单位资产及其所提供产品（服务）的公共性程度不一，有纯公共性和准公共性两大类。前者是完全不具备排他性和竞争性的产品（服务），如为国防、外交等服务的相关事业单位；后者则是部分具有排他性和竞争性、部分不具有排他性和竞争性的产品（服务），如易转化为市场化成果并创造一定效益的高等教育、高端科学研究等。

（2）事业单位资产具有公益性

事业单位资产具有公益性主要源于事业单位提供产品（服务）的目的及其所面向的社会公众面。这里需要明确三点：首先，事业单位所提供的产品（服务）是具有公共性的，但这种公共性与行政单位所提供产品（服务）的那种广泛的公共性不完全一样，事业单位所提供的产品（服务）通常具有领域、地域尤其是特定人群的限制特征；其次，事业单位所提供的产品（服务）通常具有为社会公众直接增加福利的特征，直接带给大众扶助感、幸福感、满足感等，具有明显的公益特征；最后，事业单位中有一部分是民间组织（可以称为民办事业单位或者民办非企业单位），由民间力量举办但不以营利为目的，而是提供志愿服务，扶贫济弱、救急安抚，为部分特定或非特定社会公众群体提供支持和帮助，较好地实践了公益性。值得强调的是，公益性和公共性的含义有共同之处，但也有区别，前者需要后者的支持，但也强化了后者的意义。

（3）事业单位资产具有经营性

事业单位资产具有经营性主要源于部分事业单位所提供产品（服务）的经营性及其收费特征。对于相当一部分事业单位来说，除了具有公共性和公益性特性之外，还有经营性特性，这主要是针对准公益类事业单位和纯经营类事业单位而言的。这部分事业单位所提供的产品（服务）具有明显的或可开发的经营性特征，可以加以开发进行收费从而增加事业单位的经营收益，弥补事业支出和经营支出。随着社会主义市场经济体制的建立完善，这类事业单位的数量在逐渐增多，不论是教育、科技领域，还是卫生、体育、文化领域，凡能够以其所提供的产品（服务）本身创造收益的，大多已经或正在准备开发，即使本身所提供的产品（服务）不能直接进行收费，也有部分事业单位运用自身其他一些资产（主要是房产、土地、车辆、专利等无形资产）进行出租、出借等经营活动，以图增加收益。可以说，部分事业单位资产的经营性是不断增强的。当然，为了保证社会公众的基本福祉，部分不能或不应从事经营活动的事业单位还是要控制其经营性的增加，保证公共性和公益性的发挥。

（三）事业单位资产管理的范畴界定

在明确了事业单位及事业单位资产概念的基础上，不难理解事业单位资产管理的概念。事业单位资产管理是针对事业单位资产进行的系列管理活动，目的在于提高事业单位资产的使用绩效，包括资产使用的安全和高效。也就是说，事业单位资产管理就是为了提高资产使用绩效而采取的一系列管理活动。从这个意义上，事业单位资产管理的范畴有广义和狭义之分。

1. 事业单位资产管理的广义范畴

广义的事业单位资产管理包含了能够提高资产管理绩效的各类管理活动，如与资产购买、使用、记录、盘点、保管、处置等直接相关的资产管理活动、资金管理活动、财务管理活动、预算管理活动、人力资源管理活动、信息管理活动等。也就是说，广义的事业单位资产管理涵盖了直接管理活动（下文定义的狭义范畴）和与之相关的配套管理活动。

2. 事业单位资产管理的狭义范畴

狭义的事业单位资产管理则主要指与事业单位资产管理直接相关的管理活动，如购买、使用、记录、盘点、保管、处置等资产管理活动。

若没有特别说明，这里使用的"事业单位资产管理"概念是狭义的概念，但在推动事业单位资产管理改革完善的过程中，会涉及财务管理、预算管理等配套改革活动。

二、当前事业单位的资产规模分析

对当前事业单位的资产规模进行分析是做好事业单位资产管理工作的基础和前提。只有很好地把握了事业单位资产的总体规模（含行业规模、人均资产规模）、类别规模、地域规模等具体情况，才能有针对性地制定政策和管理办法。

（一）事业单位资产的具体类型

事业单位总资产包括五大类：流动资产、对外投资、固定资产、无形资产、其他资产（含财政应返还额度、预拨下年补助等）。其中，流动资产是指可以在1年内变现或者耗用的资产，包括现金、银行存款、应收票据、应收账款、预付账款、其他应收款、材料、产成品等；对外投资是指事业单位利用货币资金、实物和无形资产等方式向其他单位的投资，包括债券投资和其他投资。以股权形式投资于其他单位形成的资产可以称为事业单位的权益性资产；固定资产是指使用年限在1年以上，单位价值在规定的标准以上，在使用过程基本保持原来物质形态的资产，包括土地、房屋和构筑物、通用设备、专用设备、交通运输设施、电气设备、电子产品及通信设备、仪器仪表及其他、文艺体育设备、图书文物及陈列品、家具用具及其他等；无形资产是指不具有实物形态而能为事业单位提供某种权利的资产，包括专利权、土地使用权、非专利技术、著作权、商标权、商誉等。

一般来说，事业单位的总资产反映的是总的规模，但不全是事业单位真正拥有和能控制的，因为其包含了负债部分。扣除负债后的净资产规模才是事业单位资产管理应把握和分析的重点。因此，这里对事业单位净资产的构成进行分析。同样根据《中国会计年鉴》提供的事业单位资产负债简表，事业单位的净资产包括五大类：事业基金（含一般基金）、固定基金、专用基金、经营基金、其他净资产（含预收下年补助等）。其中，事业基金是指事业单位拥有的非限定用途的净资产；固定基金是指事业单位固定资产占用的基金；专用基金是指事业单位按规定提取、设置的有专门用途的资金，主要包括修购基金、职工福利基金、医疗基金以及其他基金等；经营基金是指事业单位用于生产经营活动所占用的基金。

（二）事业单位资产的总体规模

事业单位的资产规模不仅是数量概念，还包括构成、对比、人均资产规模、事业单位户均资产规模等概念。这里分析事业单位资产的总体规模，主要从以下几个方面着手。

公共产品和公共服务是一个社会正常运转所不可缺少的，需要一定的机构或部门予以供给。迄今为止，在中国，主要是国有部门或机构在提供公共产品和服务，非国有部门在公共服务提供方面的参与还相当有限。可以说，绝大多数提供公共服务的非政府、非营利性机构（组织）都可以算作事业单位，因此事业单位的数量是非常多的。然而，尽管事业单位数量众多并且在我国的经济生活中发挥着重要作用，但是目前可以收集到的有关事业单位的数据资料却十分有限。

第三节　资产管理在事业单位经济管理中的预算管理作用

一、预算管理与事业单位国有资产占有相结合的理念

要树立预算管理与事业单位国有资产占有相结合的理念，必须确立事业单位国有资产国家所有的性质，全面认识资产管理和预算管理之间的相互关系及其过程的统一性，深入理解二者相结合对于深化公共财政改革的现实意义。

（一）确立事业单位资产国家所有的性质

确立事业单位资产国家所有的性质涉及一个观念转变问题，就是要把事业单位国有资产的"部门所有""单位所有"的观念，转变为国家所有的观念。

从产权的角度而言，完整的所有权包括终极所有权、占有权、使用权、处置权、收益权（剩余索取权），这些权力从法律上是可以明确界定并且在实践中可以分离的。单位对

国有资产的出租、出借及处置等方面不享有自行决定的权力，也不享有出租、出借及处置收入。明确了这一点，我们就可以知道事业单位国有资产的出租、出借等行为不能由单位自行决定，而必须经由国家行政事业单位国有资产的综合管理部门（财政部门）批准，其出租、出借所形成的收入也必须纳入财政预算管理。

同时，既然是事业单位资产为国家所有，那么事业单位国有资产的占有使用就必须脱离"小集体、小集团"的范畴，由政府负责事业单位国有资产管理的职能部门（财政部门）来统一行使综合管理职能。预算管理作为财政部门行使其职能的主要手段，也是财政部门对事业单位资产进行综合管理的重要工具。

（二）明确资产管理和预算管理两者互为前提和基础

一方面，财政预算是事业资产形成的主渠道，事业单位国有资产的日常维持运转和价值补偿主要依靠预算安排来实现；另一方面，资产存量是核定单位预算的主要基础，资产管理水平直接影响着预算资金分配的科学性和有效性。只有在准确掌握单位资产存量、建立科学的资产配置标准体系的基础上，才能结合事业单位工作职能的需要，科学编制和核定事业单位有关资产的各项预算。所以，资产管理和预算管理关系的实质就是资产存量管理和增量管理的关系，即以存量制约增量，以增量激活存量，并通过资产购置和资产调剂两种手段，达到提升事业资产管理水平和促使部门预算编制更加科学的根本目标。

（三）明确资产管理的过程与预算编制、执行和决算的过程具有统一性

在财政部门内部，应进一步理顺预算处和资产处的关系，明确职责分工，由预算处牵头，主动将部门预算管理与资产管理结合起来，在预算编制阶段，资产管理部门通过资产存量提出资产配置审核意见，为预算部门编制预算草案提供准确可靠的信息；预算通过审批后，预算部门将正式预算的资产预算信息反馈给资产管理部门，为实施资产预算跟踪管理提供依据；在预算执行和调整阶段，预算执行部门将履行采购、资金拨付等手续后形成的资产信息，动态地传递给资产管理部门，资产管理部门及时跟踪资产预算执行结果，输出资产增减变化的数据，为预算执行和资产调剂提供参考。在预算的报告分析阶段，资产管理部门全面总结分析资产的动态管理情况，形成期末资产报告，与决算报告相互印证。

（四）明确二者结合对于深化公共财政改革的现实意义

近年来，通过推进部门预算、国库集中支付、政府采购、收支两条线等各项财政改革，在财政资金的管理层面实现了公共财政改革的重大突破。但是由于事业单位资产管理领域的改革相对滞后以及资产家底不清、配置标准不规范等问题的存在，阻碍了公共财政

改革整体水平和效能的提升。如何进一步加强预算管理与资产管理工作，推进两者的结合，是财政改革必须研究解决的重大课题。

二、事业单位国有资产管理改革的方向：与预算管理相结合

目前，在行政事业单位国有资产管理中存在的种种弊端，已成为部门预算改革进一步深化及其他财政管理改革纵深发展亟待解决的问题。为此，我们必须寻求一个预算管理改革与行政事业单位国有资产管理改革相结合的机制来保证公共财政管理的效率，形成完整的支出链条。要做到预算管理改革与事业单位国有资产改革相结合，必须从以下三方面入手。

（一）强化预算管理，改革事业单位国有资产的配置方式

财政部门必须发挥资产管理与预算管理相结合的优势，加强资产配置的预算管理。对超标准配备资产的，坚决不列入预算，建立科学合理的固定资产预算制度。按照建立公共财政框架的要求，依据每个事业单位的机构职能、承担的业务量和人员状况，分门别类地制定包括种类、数量、规格等项目在内的事业单位资产配置标准，使之成为安排财政支出预算以及单位购置资产数量和质量的基本依据。同时，在资产构建中进一步推广与规范政府采购，包括拓宽政府采购的范围，完善相应的采购制度和政策法规等。另外，应当正确处理部门预算与事业单位国有资产统一预算的关系。

（二）通过部门预算的编制，科学合理地处置资产

各单位、部门在编制部门预算时，应考虑事业单位国有资产的转移、变价、报废等资产流量问题。当事业单位国有资产产权发生转移或者资产核销时，应在规定时限内报财政部门审批，这样可以保证财政部门及时准确地掌握单位资产变动的情况，同时也为下一年度部门预算的编制提供必要的依据。资产的变价和残值收入应按规定纳入"收支两条线"管理，以便财政部门对资产进行全程监管，避免出现各单位收入分配的不均或变相处置行政事业单位国有资产。如果事业单位撤销、合并、改制及隶属关系发生改变时，应当对其占有、使用的行政事业单位国有资产进行清查登记，编制清册，报送财政部门审核、处置，并及时办理资产转移手续。

（三）完善资产数据库建设，为编制部门预算提供准确信息

收集整理现有的资产资料数据，建立事业单位国有资产管理信息系统，并将其与预算管理信息系统结合起来，通过一定的技术手段，实现两个信息系统的兼容和共享，进行动

态管理。事业单位应建立国有资产管理信息系统，将经过财政部门审核、批复的资产评估结果和资产统计报告所反映出来的单位基本信息、资产来源信息、占用水平信息等基础数据录入系统中，作为资产管理和预算管理的依据和基础且要及时进行数据更新，最好能够显示某项资产的即时状态，如"已转移至某某单位""审核中""已批复"等，保证资产的动态管理。财政部门在审批单位资产购置、处理报告、监督单位资产使用时，能通过预算信息系统从互联的资产管理信息系统中找到单位资产的占用、变化等信息，便可合理安排行政事业单位的资产购置计划、处置情况，随时监管资产的状态，从而通过一定时期的增量调节最终达到存量的合理化。

因此，要提高公共支出的效率，必须同时在预算管理和资产管理上下功夫。只有加快事业单位国有资产管理改革的步伐，事业单位国有资产管理部门才能为编制部门预算、细化预算提供预算编制所需要的信息资源，为部门预算的编制提供有效的数据，为政府采购提供公正合理的资产配备标准，用规范、透明的资产审批程序解决事业单位国有资产配置混乱的问题。同时，资产管理改革结合了预算管理，才能发挥效力，才能够实现资产管理动态与静态、存量与流量相结合。

三、完善事业单位资产配置标准体系和实物资产费用定额管理

（一）完善资产配置标准体系

缺乏对事业单位人均占有资产合理性的研究和界定，缺少可参照的量化指标，是事业单位国有资产管理工作中的一个难点。从我国事业单位情况来看，人均占有资产量最多的是自收自支事业单位，其次是差额事业单位、行政单位、社会团体，全额事业单位最少。因此，应根据不同的情况制定科学合理的资产配置标准以及费用定额标准，尤其要建立对行政事业单位的房产、地产和车辆实行按标准配置、费用定额管理的制度，才能使事业国有资产管理纳入规范化轨道，才能有效防止办公用房越建越大、土地越占越多、车辆配置越来越高、单位之间相互攀比、财政开支越来越大、政府运行成本越来越高的问题。

建立和完善资产配置标准体系，探索建立公用经费预算与实物费用定额相结合的机制。事业单位资产实物配置标准体系的建立，为资产购置计划的审批提供了依据。在此基础上，应探索建立和完善实物费用定额制度，为资产的日常维护、消耗费用的审批提供依据。资产配备及费用定额标准的制定不仅应具有权威性，还应具有法律性，其配置标准和费用定额标准最好能经独立测评机构进行测评，经专家机构审核。

财政部门应当按照配置标准配置事业单位国有资产，配置的事业单位资产应当符合以下条件：第一，配置的资产确为事业单位履行职能所必需，且现有资产无法满足事业单位

履行职能的需要；第二，事业单位无法通过与其他单位共享资产获得通过使用该项资产可以获得的产品与服务；第三，通过使用该资产获得的产品与服务无法通过市场购买或者通过市场购买不经济。对于事业单位长期闲置、低效运转或超标准配置的资产，原则上由主管部门进行调剂，必要时也可以由财政部门进行调剂。事业单位购建资产，应当按照规定程序报同级财政部门审批。经审批同意的构建项目，列入单位年度部门预算。事业单位构建纳入政府采购范围的资产，应当按照国家有关政府采购的规定执行。

配置标准体系的构建，为预算部门编制和审批资产购置提供了科学的依据。目前，事业单位很大一部分国有资产缺乏配备标准，现有的一些配备标准也存在过粗、幅度过大和不符合实际、约束力不强的问题，因此必须尽快根据工作需要重新制定。

1. 制定配置标准的原则

（1）因地制宜、分类制定的原则

因地制宜，就是不同地区要区别对待，坚持按属地原则制定标准。我国存在较严重的地区发展不平衡，各地区的发展水平差距大，坚持属地原则有利于标准的实施，也有利于同一地区各部门和单位之间的平衡。另外，由于行政单位和事业单位职能的差别，行政单位和事业单位资产配置标准应分别制定。对行政部门而言，不同地区、不同部门、不同单位要区别对待，应根据个体情况，制定不同的配备标准；对事业单位而言，标准和制定则更为复杂。由于涉及行业多、资产类型复杂，制定配置标准时应按不同行业、不同类型、不同规模、不同地区等多种类型来分别制定。

（2）合理可行原则

合理可行原则就是充分考虑现阶段资产使用中的实际情况及财力可能，从实际出发制定配备标准，以保证配备标准的可行性。

（3）以资产信息报告和资产使用绩效为基础的原则

配置标准应该在全面、准确、详细收集资产实物量、价值量信息，科学评价资产使用绩效的基础上测算、修正后生成。

（4）为预算管理精细化服务原则

由于资产管理和预算管理存在着相互促进的关系，制定行政事业单位资产配置标准时，必须考虑所制定的标准能为细化预算、推进部门预算的深化改革这一目标服务。各级财政部门应结合当地经济和行政事业发展实际情况及行政事业单位履行职能需要，以促进预算安排的科学合理和财政资源的优化配置为目标，逐步建立和完善本级行政事业资产配置的标准体系。

2. 确定行政事业单位资产配置标准的职能部门

由于配置标准及费用标准体系的构建既要考虑事业单位行使职能的需要，也要考虑财力的可能性及资产配置中的公平性，是一项长期而复杂的工作，应由资产综合管理的职能部门（财政部门）负责研究制定。

3. 制定事业单位资产配置标准的工作步骤

从我国现阶段事业单位国有资产的管理现状和管理水平出发，制定事业单位资产配置标准应按照"先行政后事业、先大后小、先点后面"的顺序进行。

"先行政后事业"是考虑到行政单位资产管理相对于事业单位资产管理要容易，采取先易后难的做法，先从行政部门做起，打开局面，积累经验。"先大后小"，就是抓住占总量大头的资产先制定标准，待积累经验后再制定其他资产的配置标准。由于大项资产主要是通过项目支出预算进行配置的，因此以项目预算支出标准体系的构建为切入点，是符合我国现阶段行政事业单位国有资产的管理现状和管理水平的。房产、地产、公务用车和现代办公设备等固定资产是行政事业单位国有资产的大头，首先研究制定这几项资产配置标准。如为了加强对行政事业单位公务用车配备和办公设备等的管理，制定《行政事业单位小汽车配备标准》，出台《行政事业单位办公设备配置标准》《行政事业单位物业管理费预算管理规定》等制度。"先点后面"，就是先试点，取得经验后再全面推广。采取这种方法可以在试点时发现问题，在推广前找出解决办法，大大减少改革成本。

（二）完善实物资产费用定额管理

细化和完善实物资产费用标准体系，加快推行实物费用定额制度，探索建立资产费用定额和定员定额之间的有效衔接，制定实物资产费用定额标准要力争做到科学合理。如果定得过低，会造成预算追加；定得过高又会造成新的浪费。无论哪种情况，都会破坏部门预算的严肃性，使预算形同虚设。

1. 存在问题及原因

目前，我国事业单位实物资产费用定额标准普遍存在着过时、过粗及不符合实际需要等问题，这主要有以下几个方面的原因：一是价格上涨导致实物费用定额显得过低，而又没有及时调整；二是现行的事业单位财务会计制度不够完善，不能准确反映资产的耗费情况，新旧资产的日常维护和消耗费用有可能存在较大差距；三是部分地区受可用财力的影响，即使制定了实物资产费用定额标准也不能保证足额纳入预算，因此通常采取打包的办法粗略地编制这部分预算，资产实物费用定额与定员之间缺乏有效衔接。

2. 完善资产费用定额标准的措施

完善资产费用定额标准的措施包括以下三方面：第一，各级财政部门负有制定本级事业单位实物资产费用标准的职责，应根据实际情况及时研究修订实物资产费用标准，保证标准科学和合理。第二，完善事业单位财务会计制度，使之能反映资产耗费情况。第三，考虑到事业单位资产构成复杂、形态多样，其费用标准的制定不宜采用综合定额，而应该采用分类分项定额。目前，很多地方已经按公用经费预算的不同项目确定了人均定额标准，并按定员定额法确定分项公用经费总额，这样比综合定额更加科学合理。但从改革的角度出发，这项工作可以做得更细。如车辆维修费的核定，如果统一按每辆车某个定额标准来核定，而不考虑车辆的用途、新旧状况、车辆的档次，这样核定的车辆维修费显然有不合理之嫌。同时，资产实物费用定额与定员定额之间也需要进行有效衔接，对差旅费等非实物资产消耗支出可以按单位性质通过定员定额来核定，但对物业费等实物资产消耗还是应该在摸清家底的情况下，按房屋等实物资产的实际占有量来核定，而不宜采用定员定额标准来核定。

第四节　事业单位资产管理的具体对策建议与监督管理体制

一、事业单位资产管理的具体对策建议

（一）资产分类管理的前提：清产核资和产权登记

在对事业单位资产进行分类改革和管理以前，我们必须做好清产核资、产权登记等一些基础性的工作，从而为分类管理打下坚实的基础。

为了有效地推进事业单位资产管理，就应该摸清家底，理清产权关系，并进行产权登记工作。所谓清产核资，就是按照一定的规则和程序，对预算单位某一时点的各类财产和债权债务进行清理，核实人员状况、收入渠道、支出结构和水平等基本情况，并按国家规定对清查出的问题进行必要的账务处理，重新核实预算单位占用国有资产的情况。这里的预算单位，是指由机构编制主管部门核定事业编制、具有财政经常性经费关系的事业单位，或是列入国家事业编制、具有财政经费关系的社会团体。而对已经明确实行企业化管理的具有财政经常性经费关系的事业单位以及事业单位投资举办的各类经济实体，可暂时只对投入、收益上缴和资产状况等进行清查登记。

清产核资工作的主要内容包括：基本情况清理，资产清查，经费、收支状况清理和财产核实等。

基本情况清理是指各主管部门和事业单位应当依据国家人事、编制等部门批准成立的文件清理预算单位户数、人员、编制等。在对户数进行清理时，把应纳入范围的清产核资

基本单位按隶属关系、单位性质汇总上报。人员与编制的清理指对预算单位定编人数、实际在编人员、离退休人员、临时人员等的清理，分清在职状况（在职、离休、退休、带薪学习、等待分配、长休、内退、提前离岗等）、职务、级别等情况。在对清理编制和人员进行登记后，各单位要与本单位人事部和编制管理部门核定单位的批文相核对，以保证编制和人员清理结果的真实、准确。学校的人员清理还要包括在校学生，如博士生、硕士生、本科生、专科生及成教生人数。

资产的清查主要是对事业单位的固定资产、流动资产、无形资产、对外投资及负债等进行清查。

在对固定资产清查时，要注意以下九方面：第一，在清查中发现某处房产未办理房屋产权证的，应按国家划拨使用的有关文件或证明先行登记，在资产清查工作结束后，再按国家的有关政策办理产权登记。第二，由事业单位自行购建的房屋建筑物等，按实际购建价格进行登记。其他固定资产，如一般设备、专用设备等，也是如此。此外，为了加强对这类资产的价值管理，我们还需对账面价值与实际价值背离程度较大的固定资产进行价值重估，并将重估价值登记入账，以真实地反映资产的现有价值。第三，对文物和陈列品等特殊形态的固定资产，原则上可以只登记品种、等级和数量，如果能够估价，则按估价入账。第四，对于捐赠的资产，有价格的按照其账面价值入账；如果没有原始购买价的，可以按市场价格入账；实在无法确定其价值量的，则先按实物量进行登记，列出清单备案，加强管理。第五，对出租的固定资产，由出租方与承租方核对后，登记入账；如果未按规定手续办理，未经批准租出去的资产，需补办手续或收回。第六，对图书的清查以图书的标价为依据进行价值登记，没有标价的，先只清查实物量。第七，对一些特殊的或需保密的财产，由本单位组织清查登记，且只对价值量汇总上报；第八，对清查出的各项盘盈盘亏固定资产，应尽可能查明原因，由个人工作失误等引起的，还须根据错误的性质追究责任，做出处罚。第九，对清查出的未使用、无须用的固定资产，还须查明购建日期、技术性能和功效、使用时间等，并提出处置意见，如调拨、出售或报废等。

流动资产的清查主要是对现金、各种存款、应收预收款项、存款等进行清查。在对流动资产进行清查时，要注意：①要清查现金和各种存款的账面余额与库存现金、金融机构中的账面余额是否相符。②对各项有争议的应收款、预付款、暂付款等，应认真清理、核实，明确债权债务关系，按国家现行财务会计制度进行处理。③对材料、低值易耗品、产成品、委托加工物资等存货，要进行清仓查库，全面清查盘点。

无形资产清查的范围主要包括各项专利权、非专利技术、著作权、商标权、商誉、土地使用权等，尤其是土地使用权，绝大多数事业单位对国家无偿划拨的土地没有进行价值的统计，这是不正确的，应该对其进行市场价值的重估并登记入账。

经费和收支状况清理主要是指结合事业单位经费的来源状况，清理和核实各类经费的拨付渠道数额、用途等。为了真实反映单位的实际收入状况，对没有入账或账外的收入都应清理入账。支出的清查主要是检查支出的使用是否符合现行财务会计制度的规定，有无虚列支出的情况等。

资产核实是指在对资产和债权债务、收入和支出情况进行详细核对的基础上，对各项盘盈的资产、资产损失和资金挂账情况等核实清理，按财政部的有关规定做出相应的账务调整和处理，以反映事业单位占用资产的价值总额和净资产的真实状况等。在这一工作中需要注意：①对于因产权关系改变而增加或减少的资产，先要按相应的规定入账，然后要向财政部门（或其他清产核资机构，如国资委等）提交资金核实申报报告，经批准后再进行账务调整。②对于产权关系不清的资产，较好的办法是双方协商解决，如果达不成一致意见的，可先在"待界定资产"科目中登记入账，留待国家相关政策明朗后再办理。

在上述清产核资的基础上，对清产核资中暴露出来的产权界定不清、产权登记不明的情况进行改进。事业单位是市场经济的重要组成部分，产权明晰可以使资产的责、权、利相结合，这既是事业单位体制改革的重要前提，也是提高事业单位资产使用效率、维护资产权益的要求。在对事业单位资产进行产权界定和登记时，我们应遵循以下一些原则。

第一，分级分工管理的原则。虽然事业单位的资产归全民所有，但为了更好地落实所有权，我们必须由中央和地方政府分级分工管理资产，这符合"国家统一所有、各级政府分级监管、单位占有和使用"的事业单位资产管理体制。

第二，谁投资，谁所有，谁受益的原则。通过投资形成的资产，所有权自然应该归投资主体。国家作为资产的原始投入者，投资形成的资产在界定产权过程中就要追溯资产的投资来源，坚持投资者拥有产权，并获得资产的收益。在这一原则下界定产权时，如果根据有关会计凭证，是国家投入事业单位形成的资产，就应按原始投资主体界定法界定为国有资产；国家拨款形成资产带来增值的资产，应界定为国有资产；接受捐赠的资产，也应界定为国有资产。

第三，维护所有者权益的原则。资产所有者权益指所有者对其资产有独占和垄断的财产权利。为了维护规则公平的市场竞争环境，在产权界定过程中就要维护资产所有者和经营者的合法权益。

第四，重视资产的动态运行中产权关系界定的原则。事业单位资产运行过程中的产权关系是指资产所有者和事业单位运行者之间的关系，两者关系界定是否清晰直接关系到该组织的运行效率。事业单位如能建立良好的治理结构，形成约束和激励兼容机制，保护好国有和非国有的所有者的控制权与收益权、内部人的占有使用权，那么其运行将是高效的。

第五，大额资产产权集中登记的原则。在事业单位资产分散管理的情况下，各单位资产产权分别登记在不同的部门，造成产权关系混乱，资产占用不均且很难在不同单位之间调剂。改变这种状况的措施之一就是将公益型事业单位大额资产的产权统一集中登记在同级事业单位国有资产管理部门，各单位只有使用权。这样就利于资产管理部门对大额资产的集中管理，防止使用单位随意处置。

（二）构建事业单位资产管理体制

在财政部门设立非经营资产管理部门，这一管理部门下分别设立行政机关资产管理处、事业单位资产管理处、公共基础设施资产管理处等，作为非经营性国有资产管理的第二个层次。

事业单位资产管理处最多可能几十人，设于地方财政部门的相应机构人员更少，而中央和地方的事业单位户数众多，这么少的人管如此众多的事业单位资产，能胜任吗？这样的疑虑有一定道理。为此，我们可以在体制上进行创新，如在政府行政机构之外再设立专业化的事业单位资产管理部门，它不列入政府行政序列，而由财政部门授权其进行事业性资产的监管。建立类似于北京海淀区公共服务委员会的机构来履行出资人职责管理下属的事业单位资产，这是一个较好的选择。这样，事业单位资产管理处就可以将事业性资产管理的具体事务交给服务委员会来完成，如事业单位资产的清产核资、产权登记、大额资产的集中管理和调剂、本级事业性资产的购置和日常管理等。该服务委员会与行政序列中事业性资产管理处职责的最大区别在于后者类似于决策机构，如资产配置标准的确定、管理规则和法律的制定、各项资产管理的审批等，而前者则相当于执行机构。

机构的人员采取市场化招聘的方式，需要有相关知识背景的人才，如具有财务管理知识、资产管理和评估的知识等。机构的领导可以由行政部门任命。这一机构还分担了目前行业主管部门和使用单位的某些资产管理之职。例如，资产的具体配置需要和行业主管部门或使用单位协商，资产的构建可以由公共服务委员会组织招标，资产的调剂由公共服务委员会来承担。

行业主管部门是事业性资产管理的第三个层次，它们的资产管理职责是制定法律实施细则，负责本系统事业性资产的清产核资、统计汇总、日常监督等工作，还要配合资产管理部门制定资产的配置标准、大额资产的管理制度等。

事业单位非经营性资产的占有使用单位也属管理的第三个层次，主要行使日常管理之职。这些不同管理部门之间管理权限的划分还有待进一步深入研究，以期更为科学、合理。

（三）事业单位转制过程中非经营性资产转经营性资产的管理

在我国行政机关和事业单位非经营性资产管理制度不健全的情况下，一方面有些全额预算单位资产配置过多，另一方面它下属的事业单位财政拨款有限，资金不足，于是有的部门有很强的动机将部分非经营性资产转作自己或下属单位的经营性资产，以弥补行政事业经费的不足，并提供给职员作福利。这主要表现为事业单位将非经营性资产对外出租、出借，兴办经济实体或附属营业单位，用非经营性资产进行对外投资、入股、合资、联营等。由于政府有关部门对"非转经"现象没有引起足够的重视，导致事业单位经营性资产的急剧扩大。

严格规范"非转经"行为，完善"非转经"的申报审批制度。具体来看，首先，要对"非转经"资产建立严格的申报审批制度。事业单位确定要将闲置资产转作经营性用途的，要说明资产的来源，填写申报表，并保证其提供正常事业发展任务的资产不被挤占和挪用。经有关部门批准同意后，将申报表交给事业单位资产管理处审批。资产管理部门在依据国家有关规定审核后，应界定资产产权，进行产权登记，要求资产评估机构评估有形资产和无形资产。资产管理部门对"非转经"资产要进行严格的论证。其次，要建立"非转经"资产的有偿使用制度。以往的"非转经"资产收益通常由资产占用单位独占，并转化为职工个人福利，作为资产所有者的政府却得不到任何收益，这是非常错误的。在过渡时期，为了使资产管理权能平稳过渡，我们应设立"非转经"资产占用费，将资产收益的一部分按一定比例上交给国家，以体现国家对事业单位资产的终极所有权。最后，对"非转经"资产实行专项管理和监督制度。对"非转经"资产，应严格按照经营性资产的管理办法来对其进行登记考核和监督。例如，建立"非转经"资产的台账，登记事业单位名称与资产的数量、价值、投资形式等。按照经营性资产的保值增值目标，设计管理者的考核制度，以强化个人责任，提高资产的运营效益。

对经营性资产加强财务监管，调整相应的财务制度，将所有的收入和支出都纳入账内，不允许另外私立账户。事业单位资产管理处还应该对"非转经"资产进行定期检查和跟踪管理，监督各单位的资产增减变动情况和收入支出情况。

当过渡时期逐渐结束，资产管理制度基本建立后，对于存在大量"非转经"现象的事业单位，我们应该甄别其提供的产品和服务性质，确定其提供的是私人品或偏向于私人品性质的混合产品的，应将其改制为企业性质，并寻求国有资本的逐渐退出。在国有资产转制和退出的过渡阶段，我们在清产核资、产权界定的基础上可采取委托监管的方式，如由财政部门事业单位资产管理处委托事业单位主管部门或成立社会事业产业集团管理本系统内的经营性国有资产。

对于提供公益性很强或带有混合产品性质服务的事业单位，虽然它们存在着大量的经营性资产，但我们不能将该事业单位转制的，就需要剥离这部分经营性资产，把它交给财政部门事业单位资产管理处统一经营，例如，医院投资开办的医药商店，这就需要财政预算改革的配套推进。这种"非转经"现象的存在，一方面，说明政府部门对公益型事业单位的经费保障不够，促使这些事业单位将资产出租、出借或对外投资，以获取收入抵补支出的不足；另一方面，说明事业单位资产的配置结构可能不合理，而且因为管理主体的缺失，导致资产不能动态地调整，影响到事业单位提供的公益服务质量。这种状况不利于资产管理效率的提高，强化了公益型事业单位的追求高收益忽视服务质量的倾向，因而是必须加以改变的。这部分资产剥离后由事业单位资产管理处委托给公共服务委员会或类似的机构统一经营，收益上缴国家财政，而政府则加大对这些单位的财政拨款。只有这样，才能真正做到"收支两条线"。考虑到有些事业单位基本支出都有一定的困难，日常运转对经营性资产依赖较大的情况，我们在过渡时期应维持现有的利益分配格局。也就是说，将事业单位经营性资产的收益纳入财政预算收入科目，这可以仿效某些行政事业费收费纳入"应缴财政预算收入"的方式，然后在预算安排上以事业经费支出或补充支出的形式全额或部分返还给事业单位。为了保持事业单位人员的稳定性及所提供的公益服务质量，在初期应尽量全额返还事业单位经营收益，随着改革的推进，事业单位应逐渐推行绩效预算，即它所配置的资产应与其提供的服务水平相匹配，从而做到资产配置的公平性。

将事业单位的经营性资产集中统一地经营，可以有效地克服长期以来这类资产经营中出现的资产运营低下、补偿严重不足的问题；控制非转经资产的规模，均衡各单位的收益和职工福利水平；同时防止"非转经"过程中资产的流失，防止腐败的滋生。

对于一些公益型事业单位中存在的少量经营类资产，则不必剥离并按经营性资产来管理。因为存在于公益型事业单位中的资产，其实是很难区分其是经营性还是非经营性的，任何资产都有性质转化的可能和途径。我们不能认为公益型事业单位存在着收费以弥补成本的现象，就简单地认定该事业单位占有和使用的资产就是经营性的。正如我们反复指出的那样，必须撇开资产能带来收益的客观属性，我们是通过对事业单位性质的主观认定来明确其资产性质的。也就是说，如果某一事业单位提供的是公益事业的话，那么其资产就应该是非经营性的，但这并不排斥它的某些资产运营可以向消费者收费。所以，问题的关键在于我们必须以公益性为目标，对事业单位资产的运营收费建立起严格的制度，使其收费是符合公共定价制度的，防止这些资产沦为事业单位追求高收益的来源。

至于事业单位转制过程中出现的问题，主要是国有资产退出不透明、不公平，这与国有营利性企业面临的问题是相似的。为此，我们也需要研究事业单位国有资产退出的方式和途径等，以尽可能使国有资产收益最大化。

国有资产转移给私人部门的模式，从其对象上来看主要有转让给公众、转让给私人企业、转让给外资企业、转让给经营管理层、转让给原单位职工或采用混合转让模式。国有事业单位的资产从其出售方式来看主要有以下几种：①个别私有化，即政府部门通过与选定的购买者一对一谈判的方式协议整体转让资产。②公开拍卖，即政府将拟出售的事业单位资产信息在报纸、杂志等媒体上公开披露，然后在约定的时间和场所，通过竞争者竞价，价高者获胜的拍卖方式，一次性地将资产出售给私人部门。③事业单位内部民营化，即事业单位国有资产只是针对单位管理层和员工出售，价格较低，其他公众则没有机会购买。④破产清理法，对于严重资不抵债的事业单位，政府宣布对其破产清理，将剩余的一些实物资产通过无底价拍卖等方式变现，获得一定的收入，或捐赠、调剂给其他事业单位。

以上方式是我们在事业单位转制国有资本退出的过程中都可以考虑的，它们都各有优缺点。当然，我们都希望转制的途径尽可能是公平而有效率的，为此要考虑下面的一些因素。

第一，指定比较权威的资产评估机构对事业单位资产进行评估。目前我国事业单位资产转制较为普遍的一个做法是将事业单位资产出售给原管理层，这类似于国有企业的MBO方式。在资产终极委托者缺位的情况下，资产定价是在单位管理层和政府部门之间形成的，由于某些地方政府部门并没有尽心地充当代理人的角色，致使资产未经评估就转让，转让价格过低。因此，由独立的第三方机构对国有资产价值进行评估，确定转让的最低价，虽然不能完全解决问题，但对抑制低价转让还是有相当作用的。

第二，事业单位资产转让应在一个竞争性的框架中进行。事业单位资本的退出应该是在竞争性环境中展开的，管理层购买本单位的资产，并不排斥其他潜在的买家可以购买资产以实现对组织的控制。但是，在我国目前情况下竞争机制很不充分。事业单位原管理层通常有着内部人控制的优势，他们更了解政府部门对该事业单位的意图，是继续保留还是出售资产。在强烈的利益驱动下，一些状况良好的事业单位管理层会极力游说政府部门将资产出售给原管理者和职工。在这一过程中，外部受让者被排斥。这对于资产收益的实现是非常不利的，只有引进竞争机制，才能使资产的退出过程透明而公正，保证资产的安全。

在我们明确了事业单位资产分类改革的思路后，事业单位资产的管理改革路径是很清晰的，即企业类事业单位转制后仍保留国有地位的将按照经营性企业资产管理办法来加以管理，行政执法型资产的管理采用与行政机关资产相同的方式，从配置、购建、使用、处置等环节建立健全管理制度，实现全过程管理。

二、事业单位资产管理监督管理体制

（一）资产监督管理体制的基本概念

资产监督管理（以下简称监管）体制是指政府为履行资产监管行为而形成的管理组织体系及其运行机制。在这个组织体系的网络结构中，各节点作为一个组织单元，履行国家赋予的监管职能、监管范围和监管权限，同时通过网络形成监管指令的下达和监管信息的传递，从而保证资产监管行为的有效履行。

（二）资产监管体制

1. 行政单位资产监管体制

各级财政部门是政府负责行政单位资产管理的职能部门，对行政单位资产实行综合管理。财政部门根据工作需要，可以将资产管理的部分工作交由有关单位完成。有关单位应当完成所交给的资产管理工作，向财政部门负责，并报告工作的完成情况。行政单位对本单位占有、使用的资产实施具体管理。

2. 事业单位资产监管体制

各级财政部门是政府负责事业单位资产管理的职能部门，对事业单位的资产实施综合管理。事业单位的主管部门负责对本部门所属事业单位的资产实施监督管理。事业单位负责对本单位占有、使用的资产实施具体管理。

3. 事业单位出资企业国有资产监管体制

事业单位出资企业资产监管属企业资产的监管范畴，应按照《中华人民共和国企业国有资产法》等有关企业国有资产监管的法律和行政法规建立事业单位出资企业国有资产监管体制。

各级政府国有资产监管部门是政府负责事业单位出资企业资产监管的职能部门，对企业的资产实施综合管理。事业单位的主管部门根据同级资产监管部门的委托，负责对本部门所属事业单位出资的企业资产实施监督管理。事业单位负责对本单位出资企业的资产实施监督管理。企业负责对本单位占有、使用的资产实施具体管理。

（三）资产监管职能

1. 事业单位资产监管职能

根据国家和地方事业单位资产监管的有关规定，制定事业单位资产监管的规章制度，并对执行情况进行监督检查。对事业单位设立、合并、分立行为中的资产部分进行管理；对事业单位解散中资产的清算处置进行管理；对事业单位的清产核资和资产评估进行管理；对事业单位国有资产的产权界定和产权登记进行管理；对事业单位投资行为、出租出借行为、担保行为和委托理财行为等重大事项进行监督管理；对事业单位配备和购置各类资产进行管理；对事业单位资产的报废、报损、调拨、转让等处置进行管理；对事业单位资产经营收益进行管理；对事业单位的融资和债券的发行、转让进行管理；对事业单位的年度资产统计报告和报表进行管理。

2. 企业资产监管职能

根据国家和地方企业资产监管的有关规定，制定企业资产监管的规章制度，并对执行情况进行监督检查。对企业的设立、合并、分立进行管理；对企业的破产、解散和清算进行管理；对企业的清产核资和资产评估进行管理；对企业的产权或股权转让进行管理；对企业资产的产权界定和产权登记进行管理；对企业资产的核销处置进行管理；对直属企业监事会组成成员进行任命；对企业财务进行监督管理；对企业财务审计进行监督管理；对企业借贷行为、投资行为、担保行为和委托理财行为等重大事项进行监督管理；对企业的融资和债券发行、转让进行管理；对企业的年度经营预算进行管理；对企业的年度财务决算报告和报表进行管理；对企业资产的保值增值进行考核；规范企业利润分配，组织收缴企业资产收益；对企业资产信息化工作的管理。

（四）行政事业单位资产的账务关联

行政事业单位资产管理是一个复杂的多元化管理，尤其是资产总量较大的大学、科学院，要实现国有资产的全方位管理，需要综合多个管理部门的力量，进行系统有机和协调有序的管理融合。这种管理的融合，源于行政事业单位资产的账务关联。

从行政事业单位资产的账务关联来看，资产管理不是一本账、一个部门就能完成的，而是需要多本账、多个部门共同协调工作才能完成的。行政事业单位资产管理主要分成四大职能体系：第一，资产价值管理体系；第二，实物资产管理体系；第三，企业（股权、投资）资产管理体系；第四，基本建设资产管理体系。

资产管理系统通过账务链形成了一个有机的整体，而财务账从资产价值管理上全面反映行政事业单位资产总量，是系统运行的基础。因此，与之相应的资产价值管理体系处于系统的核心地位，并对系统中的其他部分进行协调。

（五）行政事业单位资产管理机构

在行政事业单位资产管理的四大职能体系中，资产管理机构可根据不同单位的规模和资产总量进行设置。高等学校、科学院等资产总量较大的事业单位应建立以财务处（资产价值管理）、资产管理处（实物资产管理）、校办产业处或资产经营有限公司（企业资产管理）和基建处（基本建设资产管理）为框架的国有资产管理机构。中等（含中等专业）及以上学校，应建立以总务部门（资产价值、实物资产、企业资产和基本建设资产管理）为框架的资产管理机构。行政单位和资产总量较小的事业单位应建立以财务部门（资产价值管理）、总务部门或办公室（实物资产、企业资产和基本建设资产管理）为框架的资产管理机构。

第六章 数字经济的发展及管理创新

第一节 数字经济的基础产业

一、电子商务产业概述

电子商务指借助电子手段进行的商务活动，具体而言是指经济活动主体之间利用现代信息技术基于计算机网络开展的商务活动，实现网上信息搜集、接洽、签约、交易等关键商务活动环节的部分或全部电子化，包括货物交易及服务交易等。电子商务主要的关联产业包括制造业、运输业、仓储业、邮电业、电子信息业等。

（一）电子商务基本组成

电子商务（简称电商）是应用现代信息技术、数字技术，对企业的各项活动进行不间断优化的过程。在这个过程中包括四个要素，即商家、消费者、产品、物流；三个环节，即买卖、合作、服务。买卖环节是指各大购物网络平台通过为消费者和商家搭建电子交易平台，确保商家可以在平台上销售商品，消费者可以在平台购买到更多质优价廉商品的交易过程。合作环节包括电商平台与商品提供商建立的合作关系、电商平台与物流公司建立的合作关系以及商品提供商与物流公司建立的合作关系，这些合作关系为消费者的购买行为提供保障，也是电商运营的必要条件之一。服务是电商的三个环节之一，包括售前的咨询服务，售中的物流服务，以及售后的退货、修补等服务，从而实现再一次的交易。同时，还包括如下四方面的关系：一是交易平台。第三方电子商务平台是指提供电子商务服务的信息网络系统的总和，这些服务包括撮合交易双方交易以及其他相关服务。二是平台经营者。第三方交易平台经营者是指在从事第三方交易平台运营为交易双方提供服务，并在工商、税务等行政管理部门领取了相关执照的自然人、法人或其他组织。三是站内经营者。第三方交易平台站内经营者是指在电子商务交易平台上为保障交易的顺利进行提供相关服务的自然人、法人和其他组织。四是支付系统。支付系统是指由为买卖双方提供资金支付、清算服务的机构与传送支付指令和进行资金清算的技术手段、工具组成的，旨在实现资金转移和债券债务清偿的金融安排，又被称为清算系统。电子商务形成了一个从产品信息搜集到物流再到在线支付的完整的产业系统。电子商务不再只是买卖双方之间的交易的简单电子化，其他行业机构如银行、物流、软件、担保、电信等也开始逐渐围绕网络客户的需求进行集聚，通过互联网这一"虚拟园区"交织成庞大的新产业环境，同时进行更广泛的资源整合。电子商务是一系列有密切联系的企业和组合机构以互联网作为沟通合作的工具和相互竞争的平台，通过虚拟合作等形式实现了跨越地理位置界限的资源共享和优势互补，形成了一个有机的系统性产业——电子商务产业。

（二）电子商务的特征

电子商务产业是现代服务业中的重要产业，具有高人力资本含量、高技术和高附加值的"三高"特征以及新技术、新业态和新方式的"三新"特征，素有"朝阳产业""绿色产业"之称。结合电子商务系统的内在机制、关系和性质看，电子商务还具有四个方面的主要特征。一是广泛的沟通机制。电子商务凭借网络工具，造就了一个真正意义上的无形市场，为企业提供了无形的商机，使交易的参与者、交易的场所、交易的支付结算形式打破了时间和空间的界限，为企业提供了无限的潜在商机。二是信息的及时性、完备性。电子商务应用于互联网，企业可以及时地发布信息，消费者也可以及时地获取信息。同时，针对企业本身及企业生产的产品质量信息，消费者可以通过搜索引擎能够对其有一个比较全面的了解。三是信息的动态更新。数字经济下的电子商务产业的各种信息一直在不断持续更新。供求信息不停更新，商品资金不停流动，交易双方也不停地变更。四是形成全球统一的市场。通过国际互联网，地球一端的交易者可以和另一端的交易者进行实时在线交易，资金可通过电子支付客户端在极短的时间内从一端转向另一端，货物也可以通过现代发达的航空、铁路、海运等物流方式在很短的时间内到达购买方的手里。

二、信息技术产业

（一）信息技术产业概述

信息技术产业是指运用信息技术工具，搜集、整理、存储和传递信息资源，提供信息服务，提供相应的信息手段、信息技术等服务以及提供与信息服务相关的设备的产业。信息技术产业主要包括以下三个行业。一是信息设备制造行业。该行业主要是从事电子计算机的研究和生产，包括相关机器设备的硬件制造和计算机的软件开发等，如计算机设备和程序开发公司等。二是信息处理与服务行业。该行业主要是利用现代电子计算机设备和信息技术搜集、整理、加工、存储和传递信息资源，为相关产业部门提供所需要的信息服务，例如信息咨询公司等。三是信息传递中介行业。该行业主要是运用现代化的信息传递中介，及时、准确、完整地将信息传递到目的地，如印刷业、出版业、新闻广播业、通信邮电业、广告业等。

1. 信息技术产业的特征

信息技术产业是综合性的信息产业。信息技术应用的广泛性和信息传播的普遍性以及信息技术产业的高渗透性和关联性，使信息工作部门广泛地融入其他产业中。现代信息技术已经渗透社会经济活动的各个模块，从设计的 CAD 应用、产品样品的快速成型，到产品生产过程和控制的自动化、产品仓储的智能化管理、产品营销的数字化（电子商务），当今社会中各个产业的市场价值和产出中无不包含着信息技术、信息劳动的价值。在这些部门中越来越多地应用现代信息技术和知识信息，并且实现价值"增值"的部分比重越来越高。信息技术产业以现代科学理论和科学技术为基础，采用了最新的计算机、互联网和通信等电子信息技术，是一门极具科技含量的服务性产业。信息技术产业的发展可以提高国民经济增长率，改善国民经济发展结构，对整个国民经济的发展具有重大意义。信息技术产业借助现代信息技术来进行相关产业活动提升了经济信息的传递速度，使经济信息的传递更加及时、可靠和全面，进而提高了各产业的劳动生产率。信息技术产业加快了科学技术的传播速度，缩短了科学技术从发明到应用于生产实践的距离。信息技术产业的发展促进了知识密集型、智力密集型和技术密集型产业的发展，有利于国民经济发展结构的改善。

2. 信息技术产业的作用

随着世界科学技术的迅猛发展和产业结构的日益升级，以搜集、整理、存储、生产、销售信息服务商品和提供与信息服务相关设备为主要业务的现代信息技术产业在世界经济或一国国民经济中成为非常重要的基础性和支柱性产业。

首先，信息作为经济中的基础性资源发挥着越来越重要的作用。信息技术为人们搜集、整理、扩充、使用信息提供了多种便利条件。IT 技术及相关制造业的高速发展，使得计算机网络系统、光纤等铺设成本大大降低，使得与生产、处理和传输信息的设备的成本大大降低。现代信息服务企业通过搜集、整理、存储、分析信息转型为海量信息源的提供商，以满足人们生产、生活对信息的需求。各个领域的专家、学者及政府部门得到所需要的信息越多，则科学研究、政府决策的效率就会越高。信息资源日益成为物质生产力提高以及社会财富的源泉。

其次，信息技术产业促进社会经济向信息化、数字化的转变。信息技术作为基础商品和服务的领域正不断扩大，而且信息商品以及信息处理作为扩展商品和服务生产领域的重要因素，提高了社会财富的生产效率。信息技术产业的发展在提高社会经济效益的同时已经成为重要的国民经济增长点。

再次，信息是世界共同的"语言"，信息让世界连成一体。世界上从事与信息有关的工作、活动的人越来越多，信息技术产业的规模越来越大，使信息技术产业成为最能容纳就业人数的产业部门，进而成为国民经济中发展最快的产业。

最后，信息技术是未来经济中具有最大潜在效益的产业。信息技术产业的发展为其他产业销售产品提供了巨大潜在市场，将强有力地带动相关产业的发展，所以信息技术产业成了社会生产力发展和国民经济增长的新生长点。

20世纪90年代以来，作为现代高新技术基础的信息技术获得了突飞猛进的进展，推动了信息技术与经济活动的高度渗透与融合，使得信息技术产业具备极强的渗透性、带动性，在不断地创新与扩散、发展和迭代中，带动了一系列相关产业的发展。信息技术产业是知识密集、智力密集、高投入、高增值、高增长、高就业、省能源、省资源的综合性产业。

（二）信息技术产业的发展前景

20世纪90年代末期，全球经济的年均增长率在3%左右，而信息技术产业及相关产业的增长速度是经济增长速度的2~3倍。在很多发达国家，信息技术产业已然成为国民经济的第一大产业。信息技术产业已经成为国家竞争力的重要标志。科技的进步和信息技术的产业化促使了信息技术产业的形成，促进了信息技术产业的发展，而且一国的基础设施、市场发展水平、经济开放程度、技术水平和管理水平等方方面面的因素都会对信息技术产业的发展程度产生重大影响，以至于该国的国际竞争力将大幅提升。随着数字经济时代的到来，信息技术产业在国民经济发展中的地位越来越重要，在国民经济结构中所占的比例也越来越大。信息技术产业的发展程度已经成为决定一个国家经济发展水平的重要因素和衡量一个国家综合国力和国际竞争力强弱的重要标志。

信息技术产业凭借高渗透性、强关联性，大范围地带动相关产业和基础产业的发展。信息技术产业对传统制造业也在产生着重要影响。价值传递与价值创造是整个经济活动中的两大环节，信息技术产业正在从价值传递到价值创造整个经济活动过程影响着传统制造业，并对传统制造业进行着深度改革。随着互联网的发展，尤其是物联网对互联网进行拓展之后，价值传递中的信息流、资金流和物流被电子商务打通，促使"三流合一"，使数字世界和物质世界充分融合，省去了诸多中间环节，减少了商业交易的摩擦，使整个商业链条更加顺畅。随着物联网技术的日趋成熟，物联网开始由价值传递环节全方位地渗透到价值创造环节，包括技术的渗透、研发模式的改变等，比如特斯拉用信息技术和互联网理念打造汽车、用户参与和众包的研发模式。德国提出的"工业4.0"，甚至希望将互联网技术应用于"工业4.0"的各个环节，将生产工艺与管理流程进行全面融合，同时将现实社会与数字信息之间的联系可视化，制造业将成为信息技术产业的一部分。

（三）中国信息产业的发展现状及其未来发展趋势

现代信息技术的迅猛发展促使产业结构优化。信息技术产业已经成为当今中国产业结构中的重点发展产业，且逐步成为各个产业的领导者。信息技术产业的增加值高速增长，推动了其他产业的良性发展和结构升级。如今，信息技术产业已经成为中国经济发展的主要着力点，尤其是计算机软件业。通过通信业和电子信息产业可以看出中国信息技术产业发展概况及趋势。

中国信息技术产业未来的发展趋势。一是新常态下信息消费助推经济发展。中国信息技术产业基础的规模已经领先全球，各种新兴技术、新兴产品和新兴商业模式密集产生，信息消费的潜在需求越来越多地转化为现实需求，进一步提升了信息消费的战略地位，促进消费结构升级和信息技术产业的转型，同时推动中国经济向低碳化、数字化、智能化迈进。二是"互联网+"加速产业融合。中国的互联网产业处于世界领先地位，拥有如阿里巴巴、腾讯、百度、京东等全球互联网企业中排在前面的企业。互联网这一事物渗入世界的各个神经末梢，将世界紧密联系在一起，也使各项产业深度融合，并催生出新的发展空间。比如"互联网+传统产业"催生出了互联网工业、C2B，而其关键基础则在于制造业发展路径的创新和智能制造的构筑；"互联网+金融商贸"催生出了互联网金融、移动支付和O2O，提升了虚拟空间与现实空间的融合度；"互联网+生活服务"催生出了在线教育和网络社交，改变了百姓的生活方式，也使人民的生活质量得以提高。三是云计算、物联网和大数据将由概念炒作走向务实发展，这也将有利于智能制造产业的转型升级、自主信息技术产品的创新和人工智能应用的普及以及产业拓展。

这些发展趋势一方面展现出信息技术产业自身在未来的广阔发展前景，另一方面信息技术革命带动社会进步，增强了数字经济体系下信息技术对经济社会的促进作用。

第二节　数字经济的技术前瞻

数字技术是运用信息数字化的技术手段将客观世界中的事物转换成计算机可辨析的语言和信息，从而实现后续一系列的信息加工处理等应用操作的技术。数字经济世界的本质就是数据，而包括物联网、云计算、大数据、人工智能等在内的前沿技术就是为数据做采集、处理、加工、再造服务业等工作而产生的新技术，它们是实现数字经济的手段或工具。在数字经济发展的大趋势中，我们的很多技术理念、管理理念甚至商业模式都要随技术手段的提升而发生巨大的变化，均不可避免地要融入数字经济发展的时代洪流中。

一、云计算

(一) 云计算的概念

云计算又称云服务，是一种新型的计算和应用服务提供模式，是在通信网、互联网相关服务基础上的拓展，是并行计算、分布式计算和网格计算的发展。云计算是一种新型的计算模式，这种模式提供可用的、便捷的，根据需要并且按照使用流量付费的网络访问，进入云计算资源共享池，包括网络、服务器、存储、应用软件、服务等资源，只需投入很少的管理工作，或者与服务供应商进行很少的交互，这些资源就能够被快速、及时地提供。一般地，云计算分为三个层次的服务：基础架构即服务 (IaaS)、平台即服务 (PaaS) 和软件即服务 (SaaS)。

基础架构即服务 (IaaS) 是通过互联网提供数据中心、基础架构硬件以及软件资源，还可以提供服务器、数据库、磁盘存储、操作系统和信息资源的云服务模式。平台即服务 (PaaS) 只提供基础平台，软件开发者可以在这个基础平台上开发自身需要的应用，或者在现有应用的基础上进行拓展，同时不必购买相关的硬件设备，也不必购买或开发基础性的应用或者应用环境。软件即服务 (SaaS) 是一种应用软件分布模式。在这种模式下，应用软件安装在厂商或者服务供应商那里，用户可以通过某个网络来使用这些软件，不必下载安装，只需通过互联网与应用软件连接即可使用。它也是目前技术更为成熟，应用上也更为广泛的一种云计算模式。人们所获取的云资源大多是基于软件即服务。云计算改变了传统的 IT 商业模式，使消费模式由"购买软硬件产品"逐渐转变为"购买云服务"。

(二) 云计算的特点

云计算的基本理念是将诸多复杂的计算程序、设备等资源放进"云"里，通过提高"云"的计算能力，降低应用客户端的负担，使应用客户端简化成一个单纯的输入输出设备。云计算主要具备以下特点。

虚拟的集中式与现实的分布式处理，动态地对资源进行分离与分配。云计算支持大量用户在任意的位置通过客户终端和高速的互联网将分布于各处的云资源虚拟地集中在一起，从而使客户快速地获得从原资源里分离出的服务。"云"将用户所请求的资源从原资源中分离出来，分配给用户，无须回收资源，提高了资源的利用率。

降低客户终端设备要求，且通用易扩展。云计算对客户终端设备的要求极低，用户不需要购买高配置的终端设备，也不需要购买或者开发高端的先进的应用程序，只需要配备适合获取云资源的基础应用环境即可。比如，用户只需要一部手机，并在浏览器中输入

URL 就可以轻松地获取自己需要的云资源。同时，云计算不针对特定的应用，只需要一般的相关设备即可获得云资源，形成的"云"规模可以动态伸缩，满足应用和用户规模增长的需要。

自动化集中式管理降低成本和技术门槛。云计算采用特殊的措施和极其廉价的节点构成云资源共享池，通过自动化集中式管理，向用户提供优质的云资源和应用开发环境，从而使很多企业不用再承担高昂的数据、资源等管理成本和研发成本，进而降低了技术开发的门槛，提高了资源的利用率。

按需提供服务，数据安全可靠。通过"云"计算，用户可根据自身需要，向"云"请求所需要的资源，然后获得"云"分配的资源。同时，在云计算的应用模式下，人们可以将自己的资料、应用等上传至云资源池中，用户只需要连接互联网即可访问和使用数据。此外，多副本容错、计算节点同构可互换等措施保障了数据的安全性，从而能使数据共享和应用共享变得更加便捷、安全、轻松。对于"云"数据和相关的基础设施，一般会有专业的 IT 人员进行维护，及时地对病毒和各类网络攻击进行防护，用户对客户终端进行日常的管理和维护即可。

（三）云计算的经济价值与社会价值

云计算是创新型的计算、处理和服务模式，为许多行业的营运管理、决策管理和信息数据的计算处理提供了全新的解决方案，突破了使用者的技术障碍，以简单、方便、低成本、随需随取随扩展的方式获取更为优质的计算资源，从而使原本需要使用者自己处理的复杂计算变得简单起来，使用户可以减少对中间计算过程的关注而专注于最终结果，使很多没有技术资源的用户通过云资源共享池获取所需的计算资源。云计算使人类的社会生产分工更加系统化、专业化，优化了资源的配置方式，提高了资源的利用效率。因此，云计算具有高度的经济与社会价值，具体体现在以下五方面。

第一，整合信息资源与服务，提供专业化的计算服务，优化资源配置，提高资源利用率。云计算整合信息服务与计算服务，同时集中了各类相关资源服务，创建了一个基于互联网的集中式的、开放性的信息与计算服务平台。基于一个平台，云计算就可以满足数十亿用户的计算需求，极大地提高了整个社会的信息化率。同时，"云"资源根据用户的需求提供相应的云服务，避免了资源的浪费，提高了整个社会的资源配置效率和资源利用率。例如，在云计算模式下，中小企业想要对企业进行信息化改造、信息化管理，无须自身购买或开发像 ERP 一样的信息管理系统，甚至普通的财务软件都不必购买或开发，企业只需要购买相关的云服务，如云 ERP、云财务等。尤其部分中小企业，它们的技术水平低，经济实力弱，发展速度缓慢，可通过云服务获得技术支持，跨过技术瓶颈，促使企业升级。

第二，集中优势，发展规模经济、范围经济、速度经济，降低社会生产成本和投资风险。从供给角度分析，云计算呈现边际收益递增，包括规模报酬递增与范围报酬递增。云计算初始固定成本投入较高，可变成本投入逐渐降低，导致边际成本递减，平均成本降低，甚至在超过一定范围后，边际成本几乎为零，边际收益递增，使企业享受规模经济带来的好处。在云计算中，无论是基础设施、平台还是软件，都需要较高的初始固定投入。但是一旦建成，就可以反复使用进而降低成本投入，甚至形成一定规模后，不需要成本投入。从需求角度分析，云计算使原有的自建或购买产品模式转变为租赁服务模式，由于集中优势和规模经济，云服务提供商可以以较低的成本提供服务，根据摩尔定律，摊薄了固定资产投资的同时获得了更加快捷和低价格的服务。这种租赁服务的模式使整个 IT 建设和营运成本降低了 50%，也降低了用户将大量资金投资于 IT 资源基础设施建设而导致资金链条断裂的风险。

第三，降低 IT 技术壁垒，扩展用户规模。现代经济的高速发展，对 IT 的要求越来越高，所要求的 IT 应用也越来越复杂，大多企业面临信息技术壁垒的挑战，尤其是中小型企业。在传统模式下，企业须投入大量的人力、物力、财力和时间去研发符合自身需求的信息化系统，但是很多时候效果不是很理想，投入无产出，甚至造成公司内部管理的混乱。而通过云服务获取计算资源，企业可以更加专注于核心业务，中小型企业也可以摆脱技术约束，实现技术升级、规模升级。

第四，整合数据资源，挖掘大数据的潜在价值，消除体制障碍。云计算提供了统一的计算和服务平台，使数据资源集中，形成海量的动态数据集合。单台电脑或单一服务器在面对规模庞大、无统一结构、零散的数据集合时，处理能力较低，而云计算的分布式处理平台为大数据的处理、分析提供了可能，增加大数据的潜在价值。在某些具体的领域，云计算还能消除体制的弊端。例如，电子政务云与公共服务云就打破了部门分割和部门利益，实现了信息共享与业务协同，促进了服务型政府的建设。对于医疗、教育、社保、文化等公共事业单位，在信息化发展到一定程度时必然将遇到信息共享与协同困难的问题。部门内部或小团体为维持自身利益，总会想方设法地阻碍信息共享，便形成了"信息孤岛"。电子政务与公共服务引入云计算，将各部门的信息资源整合集中在统一的平台上，既消除了"信息孤岛"，解决了信息冗余带来的存储资源浪费和数据的不一致问题，又使得信息资源更大范围地得到利用，充分发挥其效用。企业采用私有云应用，也能很好地解决企业内部各部门之间信息共享的问题，使业务更加趋于协同效率。

第五，增强 IT 资源的综合集成，以此来促进智能管理与服务的实现。集中的 IT 资源，不仅提供了集中计算、统一管理、整合运行的技术支撑，还增强了统筹规划和顶层设计的能力。云计算创新了城市管理与服务，使城市各部分有机地结合在一起，便于实现智能管理。例如，云交通通过云服务平台整合现有资源，统一指挥，高效调度平台里的资源，显著提升了处理交通堵塞、突发事件等的能力。

二、物联网

（一）物联网的概念

物联网就是物品与物品相连，实质是提高物与人联系的能动性和人对物的感知性，具体而言是所有的物品通过射频辨析（RFID）、红外感应器、全球定位系统、激光扫描器、气体感应器等智能感知辨析技术与互联网、传统电信网等信息载体连成一个覆盖范围更广的"互联网"。它实现了物品与互联网和通信网的有机结合，实现了人类社会与物质系统的有机整合，人类可以及时了解自身所需物品的多维信息，如哪里有库存，库存数量多少，质量如何，在途中哪里；等等。

物联网结构上总体可归纳为三层：感知层、网络层及应用层。物质系统通过感知层、网络层、应用层与人发生联系。物联网通过传感器、RFID 等将物质系统纳入网络，而传感器、RFID 等则借助自身植入的具有一定感知、计算以及执行能力的嵌入式芯片和软件，使物智能化，通过互联网等通信网络实现信息传输和共享，进而使物与物、人与人和人与物实现全面通信。这包括人与人之间的通信，但如果只考虑人的问题，通信发展是会受到制约的。物与物之间需要通信，而且物与物的通信将创造价值，从而也为通信的发展提供动力和机会，即物联网的价值所在。

（二）物联网的特点

物联网是互联网的拓展，将联系人与人的互联网拓展到了物质世界，它包含了传统互联网的所有特征，它与过去的互联网相比也有自己的特点。一是物联网具有全面的感知性。物联网应用多种感知技术，通过部署大量的各种传感器获得信息，每一个传感器就是获取信息的中介，每一个传感器所接收的信息也不同。二是物联网能进行准确、可靠的传输。互联网仍然是物联网的内在基础和核心，物联网借助各种广泛的有线和无线网络实现与互联网的融合，使物的信息能够实时、准确地传递出去，实现物的智能化，进而使传统互联网的覆盖范围得到更加广泛的扩展。物联网可以将终端上的数字化、微型化、智能化的传感器定时采集的信息依靠互联网等通信网络传递出去。因其数据量巨大而构成了海量信息集合，为确保信息传输的及时性和可靠性，物联网需要适应不同的异构网络和传输协议，以实现高速且可靠的传输。三是物联网能够实现智能化处理。物联网提供连接传感器的方式和智能化处理的能力，以实现对物智能化控制。传感技术和智能化处理的广泛结合，使物联网可以更加深入、更加广泛地利用云计算、专家系统、遗传算法和模式辨析等各种智能技术，拓展其应用领域。同时，为满足不同用户的多样化需求以及发现更符合需要的应用模式或应用领域，物联网可以从传感器获取的海量数据信息中分析、提取和加工出所需要的数据信息。

物联网的本质特征归纳起来主要有三个方面：首先，具有互联网特征，即对需要相互联系的物一定要能够形成互联互通的网络；其次，具有自动辨析与通信特征，即纳入物联网的"物"一定要具备自动辨析与物物通信的功能；最后，具有智能化特征，即整个物联网系统应具有自动化辨析、自我反馈与智能控制的特征。

对物联网整个系统进行分析，物联网还具有以下系统性特点。一是即时性、连续性特点。人们借助物联网随时随地、不间断地获得物联网世界中物与人的信息，包括属性以及现实状态等信息。二是加强了物质世界的联系，加强了人与物质世界的联系。物联网使物质世界更加普遍地连接以及更加广泛地联系，因物联网的不断拓展，这种连接和联系还在不断加深、加强，这种连接与联系的加深、加强很大程度上也提升了人类的能动性和物的智能化能力，促使人类世界与物质世界更深度地融合。三是物联网更具系统性。物联网的技术与其他技术的不断融合，与其他行业的不断融合，扩大了物联网覆盖的范围，体现出物联网的系统性特征。物联网为人类社会与物质世界提供了联系的纽带，确保整个世界的发展更具系统性。

（三）物联网的经济价值与社会价值

劳动是价值创造的唯一源泉，复杂的智力劳动创造的价值要比简单的体力劳动多得多。物联网通过一系列的协议、技术措施，实现了物与物的沟通、人与物的沟通，从而实现了物的智能化，使物能够自行"动"起来。在劳动方式上、生产资料与劳动者结合的方式上，简化了劳动者的具体劳动步骤，改进了物质资料的生产方式，完善了资源的配置方式，提高了资源的利用效率，创造了更多的价值，这就是物联网创造价值的本质。作为智力劳动创新所带来的技术创新的成果，物联网所创造的价值是不可估量的。

物联网一经提出即被"嗅觉敏锐"的企业嗅到其价值，而且对于物联网价值创造的研究也是从商业模式、商业价值等角度展开的。从商业模式的角度，物联网的价值创造是信息采集、传输促使管理和交易模式创新的结果，是新技术革命推动生产方式的改变引发生产效率提升的过程，实现了高效、节能的目标。从商业价值角度看，物联网通过改变物质世界的信息沟通方式、物质世界与人的世界的信息沟通方式，使得信息更加多维、全面地积累价值。物联网在经济生活中的应用主要体现在以下四方面。

第一，物联网对电子商务的推动作用。商家在自己的产品上植入数据信息传感的电子芯片，使消费者在淘宝等购物网站选择购物商品的时候就比较方便。物品从生产厂家制造和包装到运输的整个过程的具体配送情况都可以通过物联网查询到。因为这些信息与地理信息系统和全球定位系统是实时连接的，所以这样的信息集合在一起能够构成一个庞大的物流信息网络。通过扫描在物品上植入的射频辨析标签，管理人员可以获得该物品的相关信息，即可进行生产、包装的管理，质量的检查以及物流信息的检索等。

第二，物联网在交通方面的应用。汽车上植入了物联网电子设备之后，就可以实现对汽车远程控制，比如汽车的自动解锁、导航的启动、车门的开关、意外情况的自动呼叫等。这样的功能使得汽车可以被更好地远程监控。在高速公路收费站采用 ETC 通道收费，与其他现金通道对比，一条 ETC 车道约相当于八条人工收费车道的通行能力，有效地减少了车辆停车收费所导致的空气污染、燃油浪费等问题。ETC 车道的广泛应用可以大大缩短司机通过收费站的等待时间，缓解了车流量过大排队停车导致的高速公路堵塞的问题，极大地便利了人们的出行，也降低了长时间行车的成本，ETC 成为交通畅通的重要保障。随着物联网的发展，许多地区逐渐出现了跨多个城市都能使用的一卡通，为人们的长距离出行提供了便利，如为人们出行搭乘地铁、公共汽车等交通工具提供了极大的便利，也从侧面鼓励了人们多搭乘公共交通工具，减少了环境污染。

第三，物联网在数字图书馆、数字档案馆以及文物保护和数字博物馆方面的应用。在数字图书馆的管理方面，相对于条码辨析数据或者档案来说，使用无线传输的 RFID 则能够使得各种文献或者文档的管理更加高效、可靠。应用 RFID 设备进行管理的时候，RFID 标签和阅读器将替代条码辨析，自动地定位导航相关文献、档案和书架，智能地对不同的文献、档案进行分拣，这就让图书的借还可以全自动化操作，通过物联网可以查询具体图书和其位置，借书、还书都实现自动化。物联网在文物保护方面更具重要意义，文物的保存对于其环境因素要求很高，其所在环境的光照强度、空气湿度、粉尘比例和气体等都会影响文物的储藏，而物联网可以对这些环境进行长期监控，为文物营造最好的保存环境。

第四，物联网在卫生、医疗领域方面的应用。以 RFID 为代表的自动辨析技术使得医疗设备和药品等物品能够得到从生产到使用过程的全程监控，提高医疗设备和药品等物品的质量。还可对病人在不同时期的会诊情况进行监控，不仅可以提高医院工作人员的工作效率，也使得病人能够得到便捷的就诊。

面对物联网技术的不断成熟，物联网的应用范围将越来越广泛。物联网作为新一代信息技术的代表，因其具有普遍链接、联系、整体性、系统性等特点，其对社会发展的影响是更全面而深远的。物联网将没有生气的"物"与个人、企业、市场、政府等有机地整合在一起，将各个国家、地区、民族有机地整合在一起，使全球经济、社会发展趋同，形成了一个全球共享经济体，形成了一个真正的"地球村"。

物联网将"物"与"人"（包括个人、企业、政府等）有机整合，使"人"能够感知到"物"更全、更多维的信息，甚至通过"物"感知和获得更全、更多维的其他"人"的信息，同时也增强了信息的流动性，在很大程度上，对于传统市场的信息不完全、信息不完备的情况起到了完善补充作用。市场主体可以通过多方位、多渠道获得其他市场主体的相关信息，从而可在很大程度上避免由信息不对称造成的逆向选择、道德风险等现象。如保险市场、保险公司对于投保客户的情况调查便可通过物联网获得信息，通过大数据技术分析信息，对客户准确定位。与此同时，物联网推动了全球一体化的进程，使企业可整合资源趋于全球化，使关联企业、关联产业的联系更加紧密。

社会生产的总过程是由生产、分配、交换、消费四个环节组成的，它们相互联系、相互制约。在实际的生产总过程中，生产关系、分配关系、交换关系、消费关系可能存在严重的失衡，造成一系列的经济矛盾、社会矛盾，而物联网可以促使这四方面的关系更加协同，使这四方面的关系在动态中达到平衡，促成和谐。

三、大数据

（一）大数据的概念

随着计算机、互联网全面地融入社会生活以及信息技术的高速发展，人类已经进入信息爆炸的时代。当信息量累积到一定程度的时候，就产生了"大数据"这个概念。数据作为重要的生产要素已渗透到当今的每一个行业，对海量数据的挖掘效率和运用效率将直接影响着新一轮生产力的增长。大数据是指数据量的大小超出常规的数据库工具的获取、存储、管理和分析能力的数据集合。一般认为，大数据即指海量的、结构复杂的、类型众多的数据构成的集合，其本质为所反映的信息是多维的，能够对现实做比较精确的描述，能够与未来情况做比较精准的预测。

（二）大数据的特点

大数据的特点并非固定不变的，随着现代信息技术、数字技术的高速发展，大数据的特点也是发展变化的，或者可以这么说，大数据本身具有的特点，随着技术的发展会凸显出来。大数据发展至今，人们对大数据的认识也在不断加深，一般认为大数据的主要特点为如下八点。

一是数据量大。传统数据的处理大多是基于样本统计推断，所能搜集到的样本量也是极小的，所以搜集、存储、处理的数据都是非常少的。而进入大数据时代，各种各样的现代信息技术设备和网络正在飞速产生和承载大量数据，使数据的增加呈现大规模的数据集合形态。

二是数据类型多样。传统的数据大多是结构化的数据，如调查表等自制的统计表，也有部分的半结构化数据，如针对所需要的目标统计资料而搜集的需要加工改造的其他统计资料。总的来说，数据类型较为单一。而进入大数据时代，数据的结构极为复杂，数据的类型也极其繁多。不仅有传统的结构化文本数据，还包括半结构化和非结构化的语音、视频等数据，包括静态数据与动态数据。

三是数据搜集速度快。大数据内在要求使其对数据的搜集、存储、处理速度必须非常快。大数据是以数据流的形式存在的，快速产生，具有很强的时效性。如何更快、更高效、更及时地从海量数据中搜集所需要的数据并及时处理，是从大数据中获取价值的关键之一。

四是数据价值。虽然大数据具有海量的资料，但是对于具体数据的需求主体，其真正有价值的部分还是有限的，即大数据的价值密度是极小的，但是较基于样本统计推断的传统数据而言，大数据中有价值的部分也是接近总体的，所以大数据必然是极具商业价值的。

五是数据真实，即数据的质量真实、可靠。传统数据下，官员为政绩、学界为交差、商界为名利，注水性数据导致硬数据软化特别严重，传统数据的质量是深受怀疑的。大数据情况下，虽然为了既定目标经过处理后的大数据可能会掺水造假，但是原始的数据资料是造不得假的。当对处理后的数据产生怀疑时，大可以对原始大数据进行复核，大数据具有真实性的特点。

六是数据是在线的。数据是永远在线的，其是随时能调用和计算的，这是大数据区别于传统数据最大的特点。数据的在线性也为数据的共享提供了可能，数据又具有共享性。

七是数据的可变性。海量的数据并不都是所需要的，所以要将数据处理改造成自身所需要的。不同的个人、企业等主体对数据的需求是不同的，但是可以从相同的数据池中取得数据源处理成自身所需要的数据，所以大数据具有可变性。

八是数据的高渗透性。越来越多的行业对信息的数量、质量需求越来越高。随着大数据与各个行业、产业的结合，与社会经济生活的融合，大数据将具有更多与具体的技术、行业、产业融合而产生的新特点。

对大数据的特点进行全面认识和分析后，发现大数据的首要特点是海量的数据，而海量信息的本质是包含多维的信息、全面的信息。相较于传统的大数据特点，从海量的数据中获得所需要的信息更为重要。一般地，大数据处理基本流程包括数据源、数据采集、数据处理与集成、数据分析、数据解释五个步骤。

（三）大数据的经济价值和社会价值

近年来，在以云计算、Hadoop 为代表的数据分析技术、分布式存储技术的帮助下，对积累的数据进行全面的分析成为可能，各行、各业纷纷以构建大数据的解决方案作为未来战略的主要方向。大数据的价值点就在于海量的数据、全面的信息，更准确地模拟现实世界，从而精准地预测未来。大数据的经济价值和社会价值主要体现在大数据对企业、政府、产业这三方面的促进作用上。

第一，大数据促进企业创新，优化企业资源配置。首先，大数据促进企业更深入了解客户的需求。传统的了解客户的方式主要是通过调查问卷、电话访谈、街头随机问话等方式，这些传统的方式，所获得的数据量是极少的，受调查区域的制约，所调查的数据也缺乏代表性。但是应用大数据，通过互联网技术可以追踪到大量的对本企业感兴趣的客户，运用相关性分析客户的偏好，对客户进行精准分类，从而生产或提供客户满意的商品或服务。其次，大数据促进企业更准确地锁定资源。应用大数据技术，企业可以精准地锁定自身发展所需要的资源。企业可以对搜集的海量数据进行分析，了解到这些资源的储备数量和分布情况，使得这些资源的分布如同在电子地图上一样，可具体地展现出来。与此同时，大数据促进企业更好地规划生产。传统方式下的企业生产具有很大的盲目性，企业依据市场价格的涨落并结合自身的经验，推测市场是供不应求还是供过于求，以此确定企业生产什么，生产多少，但是通过应用大数据来规划生产框架和流程，不仅能帮助企业发掘传统数据中难以得知的价值组合方式，而且能够对组合生产的细节问题提供相关的一对一的解决方案，为企业生产提供有力保障。此外，大数据能够促使企业更好地运营。传统企业的营销大多依靠自身资源、公共关系和以往的案例来进行分析和判断，得到的数据不仅模糊不可靠，而且由于市场是动态变化的，得到的数据可能有很大偏差。应用大数据的相关性分析，企业的营运方向将更加直观且更容易辨析，在品牌推广、地区选择、整体规划方面更能从容应对。最后，大数据能够促进企业更好地开展服务。对于提供服务或需要提供售后服务的企业，服务不能满足客户而造成客户流失是一个不得不面对的困难。可面对规模庞大、地域分布散乱和风俗习惯各异的客户，企业在如何改进服务，怎么完善服务方面总是显得力不从心，甚至有时候精心设计提升的服务却不是客户所需要的。但是大数据可以针对顾客群体细分，然后对每个群体量体裁衣般采取独特的行动，同时根据客户的属性，从不同角度深层次分析客户、了解客户，以此增加新的客户，提高客户的忠诚度、降低客户流失率，提高客户消费，等等。

第二，优化社会公共服务，提升政府决策能力，以此来促进政府管理创新。大数据能够提高社会管理与服务水平，推动政府相关工作的开展，提高相关部门的决策水平、服务效率和社会管理水平，实现巨大社会价值。大数据也有利于政务信息的公开。数据开放是趋势，大数据的应用可以助推云计算打破"信息孤岛"，实现信息共享，促进政府部门之间信息的衔接。应用大数据技术可以检验政务部门在云计算平台上共享数据的真伪，从而在一定程度上监督政务部门公开真实信息，形成用数据说话、用数据管理、用数据创新政务管理模式。

第三，助推传统产业升级，优化市场结构。大数据具有科学、专业、精准的分析和预测功能，有利于推动经济结构的转型、产业的升级。大数据能够促使经济增长方式由"高投入、高消耗、高污染、低效益"的粗放型经济增长方式转变为集约型、精益型的经济增长方式。利用大数据分析，每一个企业规划生产都能做到科学生产、精益生产、低碳生产。同时，在分析需求时，又能准确地分析出各个阶层、性别、年龄段等不同类别的消费者需要什么，需要多少，甚至什么时候需要，即 C2B 的商业模式。这样的模式降低了行业内部盲目竞争的程度，提升商品生产的能力。大数据还能增加市场的透明度，使市场主体能得到更多的信息，使市场主体的经济行为更趋于理性。同时，因为信息透明度提升，市场主体之间信息共享度提升，尤其是诚信信息，这将增强市场主体诚信经营的意识，促进市场信用机制的完善。大数据对于解决市场的滞后性、盲目性有巨大的作用。大数据的精准预测能力增强了市场主体对市场变化的了解。针对市场的变化，市场主体可以提前做好采取相应的某种对策的准备，且由于大数据所搜集的信息具有多维性、全面性，市场主体可以考虑市场多方面的变化，预先制定应对不同变化的策略，减少其市场行为的滞后性和盲目性。

一方面，大数据推动了政府对市场的了解，以便政府更能处理好与市场的关系，更好地发挥政府的作用。另一方面，大数据使市场这只"看不见的手"越发地透明化，使市场存在的诸如外部性等问题能及时暴露出来，政府这只"看得见的手"便能通过制定相应的规则规范市场或者及时出手干预，以保证市场的良好运行。

四、人工智能

（一）人工智能的概念

人工智能是计算机科学、控制论、信息论、神经生理学、心理学、语言学等多种学科互相渗透而发展起来的一门综合性学科。它是研究如何开发智能机器、智能设备和智能应用系统来模拟人类智能活动，模拟人的行为、意识等，模仿、延伸和扩展人类的智能思维。人工智能的基本目标是使机器设备和应用系统具有类似人的智能行为，确保它们可以思考。

（二）人工智能的特点

人工智能发展以来，其应用领域越来越广泛，包括专家系统、智能控制、语言和图像理解、机器人学、机器人工厂、遗传编程等方面。这些应用领域虽有很大不同，但都体现出人工智能的以下特点。

首先，人工智能既综合又极具开放性。人工智能涉及认知科学、哲学、数学、神经生理学、心理学、计算机科学、信息论、控制论、不定性论等学科，并且随着这些学科的发展而发展。人工智能在随多门学科发展而发展的同时还能及时汲取时下的先进技术，及时与各方面技术有机融合，促成人工智能的更新换代升级，可使人工智能更具时代特点。如人工智能与时下热门的云计算、物联网、大数据等技术的融合，使我们的智能系统、智能领域范围不断扩大，由智能交通、智能城市扩展到智能社会、智能时代。

其次，人工智能既应用广泛又极具实践性。人工智能是一门对人的模拟的学科，我们的目标是让机器或组合形成的系统能完成人的工作，甚至在计算、处理速度等方面超越人，所以人所从事的工作领域都是人工智能正在或潜在的设计领域，包括从低层的操作到高层的决策，人工智能都能得到充分的应用。同时，当其在某个领域内得到应用后，就逐渐转化为该领域内的问题，即人工智能具有外向性。

最后，人工智能是知识型、智力型的科学技术。人工智能的发展速度极快，在发展中总有很多创新型的技术成果出现。人工智能对于现代技术，包括计算机技术、电子元件制造技术及信息技术等要求是很高的，这势必要使大量的、具有丰富的知识和极高智力的技术性人才参与其中。

（三）人工智能对人类社会的影响

人工智能的发展正在深度影响和改变着人类社会，它对人类社会的影响涉及人类的经济利益、社会作用和文化生活等方方面面。

第一，人工智能对经济利益的影响。计算机等硬件设备价格的持续下降为人工智能技术的广泛应用提供了可能，进而带来更可观的经济效益。比如将人工智能应用于专家系统的构造。专家系统通过模拟各领域专家的知识和经验来执行任务，成功的专家系统带来的执行结果如同专家亲临一样并且可以反复利用，可以大规模地减少培养费用和劳务开支，为它的开发者和拥有者及用户带来可观的经济收益。

此外，人工智能还能推动计算机技术的深入发展。人工智能研究正在对计算机技术的方方面面产生着重大影响。人工智能应用对计算提出了更高的要求，要求计算机必须能够胜任繁重的计算任务，这在一定程度上促进了并行处理技术和专用机成片开发技术的进步，促使自动程序设计技术、算法发生器和灵活的数据结构开始应用于软件开发。所有这些在人工智能的研究过程中开发出来的新技术，都推动了计算机技术的发展，同时也提高了计算机对人类社会经济发展的贡献率，为人类带来更多的经济利益。

第二，人工智能对人类社会的影响。一方面，人工智能改变传统的就业方式。因为人工智能可以替代人类执行各种体力和脑力劳动，促使社会经济结构和就业结构发生重大变化，从而造成大量的摩擦，甚至造成部分人口永久性失业。人工智能广泛应用于科学技术和工程项目，会造成部分从事信息处理活动的人丧失机会，从而不得不对原有的工作方式做出重大改变。另一方面，人工智能促进社会结构的改变。随着技术的进步，人工智能以及一些智能机器设备正在逐步替代人类从事各种社会劳动。事实上，人类社会结构随着人工智能近年来的发展，也受到潜移默化的影响，由"人—机器"的社会结构逐步变为"人—智能机器—机器"的社会结构。此外，人工智能还促进人们思维方式与观念的改变。人工智能的进步以及应用的推广，对人类的思维方式和传统观念产生重大影响，甚至促使这些思维方式和传统观念发生重大改变。如，人工智能系统的知识数据库对库存知识可以自我辨析、自我修改及自我扩充和更新，这是对印在书本、报纸和杂志上的传统知识的重大改变。作为一种高新技术的人工智能是一把双刃剑，它的高速发展使一部分社会成员从心理上感觉受到威胁。人类与冰冷的机器之间的重大区别是只有人类才有感知精神。在人工智能的实际应用领域中有自动规划和智能搜索，人类可以用人工智能来规划自己的明天，例如，用神经网络去逼近现实和预测明天，根据预测的结果，机器自动做出规划。这就是人工智能的观点。很多事可以让人工智能去做，从而把人类从繁忙的工作中解放出来。

第三，人工智能对文化的影响。人工智能改善人类语言模式。根据语言学的观点，思维需要语言这个工具来具体表现，语言学的研究方法可以用来研究思维规律，但是人的某些潜在的意识往往是"只能意会，不可言传"。而人工智能技术的应用，结合语法、语义和形式的知识表示方法，使得知识更加便于用自然语言来表示，同时，也更加适合用人工智能的形式来表示。人工智能还能改善文化生活。人工智能技术拓宽了人类文化生活的视野，打开了更多全新的窗口。例如，人工智能中的图像辨析和处理技术势必影响到涉及图形广告、艺术和社会教育的部门，还将影响到智能游戏机的发展，使其成为具有更高级更智能的文化娱乐手段。

第四，人工智能发挥作用的漫长过程。人工智能将重塑产业格局，引领新一轮工业革命。人工智能将在国防、医疗、工业、农业、金融、商业、教育、公共安全等领域取得广泛应用，催生新的业态和商业模式，引发产业结构的深刻变革，对传统产业产生重大的颠覆性影响。未来人工智能将在大多数领域替换掉人类烦冗而复杂的工作，将人类解脱出来，同时这波创新也将是一个漫长而又多产的过程。

第三节　数字经济的创新管理

随着数字技术的进步、数字产业的不断增长，一种由实物和数字组合而成的崭新的创新舞台正展现在我们的面前。然而，与数字化技术在产业重构过程中越来越占据中心地位的趋势相比较，实现数字化革新越来越困难，越来越多的企业与地区对数字化革新充满希冀与恐惧。20世纪90年代的第一代数字化浪潮加速了企业内部的流程优化，且现代的数字化革新已经超出了企业内部范围，面向客户开发的"纯数字产品"与"整套解决方案"已经渗透到企业与外部竞争环境博弈的各个层面。现代数字化革新过程特别迅速，难以预测和控制，这是区别于传统工业时代和数字化初始阶段的新过程的。

一、数字化革新的实施方式

管理数字化革新过程具有独特性，吸引了越来越多的学者探索其新的价值创造方式。

（一）数字化革新的核心理念与价值

数字化革新是指利用数字技术，可将数字与实物组件进行重新组合创造新产品，以提升产品和服务的价值，开启企业发展的新领域，并借此挑战现有市场格局，最终引起该领域商务模式和生产模式的转变。数字化革新经历电气自动化阶段后，已经进入完全数字内容产品与数字智能阶段（通过实物产品的动作指挥、位置确认、模式选择、自我学习以及记忆回溯等数字化技术完成实物产品的人工智能行为）。数字化革新可以改变现有的价值生成结构，产生强大的新价值生成力，数字技术不仅可以创造新的产品，而且可以协助企业提升组织运营效率，获得新的商业模式。数字技术支持企业开发和运行多个并行的商业模式，创造了企业成长适应性与灵活性的新价值，而这些价值不仅有益于企业，而且为整个数字商业生态系统拓展了新边界。

就数字化革新的价值而言，一方面，数字化革新是通过技术杠杆放大了企业的组织适应性、业务开拓性和技术灵活性。这是一个系统属性，通过与外界之间的高频次交互改善企业能力，又被称为自生成拟合。实现企业的自生成拟合创新原本是十分艰难的，然而，模块化技术与理念打通了数字技术的相互依存关系，实现了自生成拟合创新的技术突破，这就是典型的技术杠杆放大作用。另一方面，数字化革新使组织从独立个体的视角重新审视其在现有数字社会网络中的空间价值。在数字商业环境中，通过数字化网络提供新的整套商业解决方案以及寻找全新机遇的能力是重要的数字化革新价值，这一价值侧重企业在数字化商业空间中的位置，这些新现象与新方式需要我们重新定位并深刻认识数字化革新的价值。

（二）数字化革新的一般策略与特征

数字化革新已经经过了一个由简入繁、日渐丰益的过程。以网络购物为例，数字化革新以简陋的订购目录展示和电子邮件商务的形式登上历史舞台。然而，经过不断演进，现有的以在线推荐系统、比价系统、定位系统、陈列系统以及长尾体系为主要利益来源的在线销售模式日趋完整与完善。上述数字化革新看似复杂，究其本质，可一般化为两种策略：数字嵌入策略和完全数字战略。

数字嵌入策略是指将嵌入式数字组件植入实物产品或者机械系统，使产品升级为智能实物产品，同时利用数据的在线和移动服务，不断改善产品或服务的品质。在日常生活中，我们可以观察到微智能技术在家电领域（自动扫地机、智能电视等）的广泛应用，应用了客户竞争报价与实时呼叫系统的新型出租车企业正在改造传统出租车行业等现象。同时，此类数字嵌入式产品也出现在工业生产中。嵌入式数字产品让实时监控和预测替代了传统的计划式生产，渗入从产品设计到大规模生产的各个环节中，如订制生产技术、3D打印技术、实时仓储技术、机器人技术等。

完全数字策略是指在电子终端设备中将信息产品以完全数字式的模拟形式呈现在用户面前，如电子图书、地图导航、股市监测、互联网游戏等，此类产品也被称为数字内容产品。随着数字终端设备的不断出现，数字内容产品已经成为大众的重要消费构成。当市场的消费模式改变后，以信息产品为基础的媒体行业目前正处于这样一个转型的过程之中，纸质报纸、磁带等信息载体不断退出历史舞台。此类媒体企业不得不减少传统形式的媒体产品的产量，转而选择新的电子媒介。此外，大型电器零售和百货零售企业纷纷收缩实体门店，战略转型经营在线市场，说明完全数字化驱使以信息不对称为支撑的大量传统服务业纷纷进入颠覆性革新期。

数字化革新的两种策略看似简单，任何企业实施都需要面对其独特性的挑战。首先，数字化革新节奏快、变化大。数字技术具备可塑性，可以快速重新组合为新产品。这种快节奏不断刺激企业快速开发"混合"或"智能"型数字产品，也不断快速淘汰企业的"新"产品。其次，数字化革新过程难以控制和预测。由于生成过程的复杂性，数字产品创新常常不是由单一企业有组织完成的，由数量庞大、形态各异，没有事先分工的大众自发形成的随机创新。企业利用数字技术模块或平台的形式来创新产品，可以产生越级创新，每一次创新又会为下一次越级创新提供平台，这样的随机创新与迭代开发形式使得数字化革新极为复杂。

　　数字化革新是一种手段，行业新进入者与已有巨头间的数字化博弈最终导致行业层面的巨大转变。当然，这种转变也伴随着企业个体的组织管理形式的改变。

二、数字化革新的组织管理形式

　　分析数字化革新的组织管理形式可以从两个维度入手。

　　一个维度是创新的关键数字资源和知识的集中度。其极端形式是一个高度集权、垂直管理的数字化系统或企业，将所有优质核心资源牢牢掌控，从而可以以低成本获得高质量的创新。此类垂直一体化创新型企业拥有专利、品牌或核心技术的唯一所有权，通过自上而下的创新管理过程，调动资源实现目标。但是，在开放式、模块化、自适应的数字化现代商业环境中，还存在着另一种极端情况。有些数字化革新往往出现在一个在治理关系上高度离散的商业市场中，其中没有一个正式的层次结构，没有一家企业掌握所有的资源核心。在这样的创新环境中，所有的参与者是一个共同利益体，虽各自创新、快速学习，但创新的成果将不断相互叠加、嫁接，并最终形成多元复合的新数字产品。

　　另一个维度是相关资源的功能属性，数字资源既是连接性资源，也是融合性资源。数字技术作为连接性资源，扩大了创新的应用范围，克服了时间与社会边界的限制，减少了时间成本。这体现在新的组织形式，如虚拟团队、开放型创新或众筹外包的业务模式，这些数字化模式可以提升流程效率和协作能力，实现多个专业组织的知识或资源的协同。此类连接性数字化革新有助于多个组织协商提出设计要求和选择特定的解决方案，并不局限于软件企业，通用电气、宝洁公司等实体企业已经利用基于互联网的连接性数字化资源找到全球外包、技术共享等新解决方案。与连接性资源相对应，数字化革新还能创造另一种融合性资源。嵌入式数字产品可以通过融合性操作转化为新产品，从而创造新的功能。无须依赖任何外来资源与组织，模块化和嵌入式数字技术赋予实物产品内生的自我创新的能力，这种数字化过程被称为数字融合。数字融合在技术创新层面几乎不需要外部创新网络的支持，同时又可使传统产品具备可操纵性与智能性，这是数字产品创新的显著特征。通过数字融合，在未来，传统实物产品将兼具交互功能、实时服务功能（如家庭设备智能化）和根据外部环境自主决策的功能（如无人驾驶汽车）。

　　根据上述两种维度，数字化革新可以区分为项目型、氏族型、联邦型和混沌型四种组织与管理形式。

（一）项目型数字化革新管理

　　项目型多发生在一个企业内部，由企业调动自有资源，通过结构的管理体系，实施目标明确的数字化革新。在项目型数字化革新中，管理结构是科层式，参与者是单一学科的专业人员，使用标准化的数字处理工具（如计算机辅助设计工具等），专注于明确的目标。通常用能力成熟度模型、全面质量管理等相关常规标准衡量此类数字化革新成效。

（二）氏族型数字化革新管理

氏族型是"一个共同利益驱动的群体"，其成员的地理位置高度离散，但各成员之间的知识体系相似、密切联系，出于共同利益产生协作生产。氏族型创新团队的成员（可以是组织或个人）使用相近且通用的开发工具，使用同一套专业话语体系和知识体系来阐释他们的产品理念。然而，这些成员既不受到严格的科层管制，不会对一个统一的权力中心负责。在这里，创新者更像志愿者而非员工，他们在社会联系的基础上根据他们的自身利益和兴趣行事。各成员在一个统一的技术平台上工作，以技术平台的标准判断创新产品的质量（如开放源代码社区）。氏族型并不是依赖传统结构分层控制的，而是依靠技术社区平台中公认的精英领袖控制并左右预期的创新方向与质量。在氏族型革新中，少数核心领袖和外围追随者共同参与，核心成员主要负责规范工作流程，制定参与规则，外围追随者根据自己的兴趣与特长自愿选择工作任务。氏族型与项目型最大的区别在于，共同的技术或社区平台可以动员离散分布的志愿者分享他们的知识资源，敦促他们贡献各自的专长，其本质原因是平台凝聚了成员们的共同利益与共同兴趣。

（三）联邦型数字化革新管理

联邦型是指在一个系统管理的数字化革新联合体内部（如企业协议联盟），跨多个不同的行业领域，以科层管理为组织结构，成员使用不同学科的资源与知识，联合开发一个新数字产品。此类创新工作的知识来自跨多个学科的知识社群，创新联合体可以控制创新的关键要素，可以自由调动汇集在一些数字或知识平台上的资源。这些知识社群的资源受到所在企业的严格控制，必须以企业协约联盟的形式才能进入创新联盟的数字化革新平台。一旦进入创新联盟，各个专业的知识社群就会严格定义与规定标准化、模块化，开发有助于联邦型数字化革新的组件和接口，最终集成一个新的巨型创新产品。联邦型数字化革新有三种典型应用。一是在大型制造类行业，如航空航天、远洋船舶。这些产业的发展需要调动和整合从交通工程、机械工程、材料工程、电子电气工程、制造、物流配送到工业设计等不同的知识社群的创新。二是服务性行业，可应用联邦型创新的组织形式提供服务的综合解决方案。在这些行业中，企业通过专业咨询团队实施与客户交互，采用跨产业、跨地域的数字手段动态管理业务。三是部分企业将上述制造类企业与服务类企业的应用合二为一，为客户提供设备加解决方案的综合产品，而不是提供单独的软件系统或设备组件。此类企业不但为客户提供成套设备，还要针对客户所在行业的具体发展趋向，为客户专门设计整套生产与经营流程。

联邦型数字化革新发挥作用的关键是内部信息交互的激励机构，必须能够鼓励相关创新者将最新的知识资源报告传递给创新联盟的决策者。在联邦型数字化革新中，成员来自产业关联、行业不同的各个知识社区，凭借不同类型的数字资源库、研究能力和社会网络工具的组合，从一个行业外部带来大量的新资源、新视角，使该创新联盟不仅拥有技术上的创新优势，而且拥有跨产业的新颖视角，保持从技术到网络的全面竞争优势。然而，每个企业都有利用核心技术获取经济租金的强烈动机，这往往与整个联盟获取最大利益相悖，成了创新联盟发展的瓶颈。因此，创新联盟需要建立平台黏性与激励机制，既可以保护各个成员单位的利益，又可督促创新者乐于在平台中提供最新成果。

（四）混沌型数字化革新管理

混沌型主要服务于跨行业边界的数字化革新，其主要特征是组织成员的知识与专业背景迥异且高度动态流动，组织没有官僚层级，松散管理，创新的最终成果并不明确，具有高度的随机性。

从事混沌型数字化革新工作的团队，致力于超越传统的行业界限，开发出更加新颖且有开创新领域意义的产品。每个成员（企业或个人）并不是有意参与一次目标宏大的创新活动，而是遵循自己独特的商业逻辑和创新路径，在狭窄而又专业的领域不断探索。然而，他们创新的路径和成果必然会在创新过程中相互交织，使每个创新参与体都受到影响和冲击。这一现象在移动服务市场中表现得最为明显，随着个体移动数据传输应用的不断拓展，各大移动服务商纷纷学习并随之调整业务结构和企业发展战略。在这些市场上，无数以前从未有任何联系的成员（手机运营商、软件公司、内容提供商、硬件设备制造商、广告公司等）一起创造新的市场机会、商业模式和技术标准。然而，在这个创新过程中并没有一个明确的组织者与组织机构。

混沌型数字化革新管理需要注意如何调和成员间的利益冲突，促进不同企业文化和知识背景的成员之间的良性沟通。整个创新的构架搭建和成员参与都是以自组织形式随机实现的。首先，这一创新过程涉及太多不同的知识资源与行业背景的成员，仅仅是内部沟通就极为艰难。不同背景的成员不断涌入这一创新过程中，大量的新知识、新理念需要消化吸收，还要在消化吸收的基础上不断创新，整个创新过程的复杂程度将呈几何级数增长。此外，与联邦型数字化革新类似的问题，在如此松散的组织体系中，几乎无法建立一种人人满意的资源分享激励机制。这种体系既要支持不同背景的成员之间可以沟通，又要建立信任和共享的奖惩机制。同时，由于技术和商业模式的飞速进步，上述机制也必须是高速动态自适应的。因此，混沌型数字化革新需要建立一个约束性、灵活性和开放性高速动态统一的管理机制。

第四节　数字经济发展的应对措施

综观全球各主要经济体数字经济发展进程，一系列新问题与新挑战总是接踵而至，我国也不例外。故下面在分析数字经济发展中应该关注的问题的基础上，提出我国发展数字经济的战略框架，对如何促进我国数字经济健康发展及向数字化转型提出具体的对策建议。

一、发展数字经济的框架

从技术经济范式的角度看，科技产业革命特别是关键技术创新将深刻影响宏微观经济结构、组织形态、运行模式，进而形成新的经济社会格局。技术经济范式是一定社会发展阶段内的主导技术结构以及由此决定的经济生产的范围、规模和水平，也是研究经济长波的基本框架，是技术范式、经济范式乃至社会文化范式的综合。

技术经济范式主要包括三大部分内容：一是以重大的、相互关联的技术构成的主导技术体系，他们构成了新的关键投入，表现为新的基础设施和新的生产要素等；二是新技术体系的导入和拓展会对生产制度结构产生影响，使创新模式、生产模式、就业模式等发生改变；三是新技术体系还会对社会制度结构产生影响，引起生活方式与社会治理方式等变革。

当前经济社会正处于从传统的技术经济范式向数字技术创新应用推动的数字技术经济范式转变，数字经济是在数字技术驱动下，经济发展与政府治理模式加速重构的新型经济形态。

（一）统筹构建"四个体系"为数字经济发展提供目标指引

"四个体系"具体包括构建数字经济创新体系，即发挥数字化引领创新先导作用，激发创新主体活力，优化创新体制，优化数字经济创新成果保护、转化和分配机制，塑造技术、产业、管理全面创新格局；构建数字经济产业体系，即以新一代信息产业为先导产业，促进数字技术与传统农业、工业和服务业的融合，培育成熟的数字经济产业生态体系；构建数字经济市场体系，即完善数据、资本及数字技术要素市场体系，并大力拓展国际市场，推动数字经济走出去，赢得国际优势；构建数字经济治理体系，即多元化治理主体运用数字技术分工协作着力构建政策、法律、监管三位一体的协同治理框架体系。

基于生产要素创新、生产力提升和生产关系变革的视角，数字经济包括数字产业化、产业数字化、数字化治理、数据价值化。

一是数字产业化。数字产业化即信息通信产业，是数字经济发展的先导产业，为数字经济发展提供技术、产品、服务和解决方案等，具体包括电子信息制造业、电信业、软件和信息技术服务业、互联网行业等。数字产业化包括但不仅限于5G、集成电路、软件、人工智能、大数据、云计算、区块链等技术、产品及服务。

二是产业数字化。产业数字化也是数字经济发展的主阵地，为数字经济发展提供广阔空间。产业数字化是指传统产业应用数字技术所带来的生产数量和效率提升，其新增产出构成数字经济的重要组成部分。数字经济，不是数字的经济，是融合的经济，实体经济是落脚点，高质量发展是总要求。产业数字化包括但不限于工业互联网、两化融合、智能制造、车联网、平台经济等融合型新产业新模式新业态。

三是数字化治理。数字化治理是数字经济创新快速健康发展的保障。数字化治理是推进国家治理体系和治理能力现代化的重要组成，是运用数字技术，建立健全行政管理的制度体系，创新服务监管方式，实现行政决策、行政执行、行政组织、行政监督等体制更加优化的新型政府治理模式。数字化治理包括治理模式创新，利用数字技术完善治理体系，提升综合治理能力等。数字化治理包括但不限于以多主体参与为典型特征的多元治理，以"数字技术+治理"为典型特征的技管结合及数字化公共服务等。

四是数据价值化。价值化的数据是数字经济发展的关键生产要素，加快推进数据价值化进程是发展数字经济的本质要求。要"加快培育数据要素市场"。数据可存储，可重用，呈现爆发增长、海量集聚的特征，是实体经济数字化、网络化、智能化发展的基础性战略资源。数据价值化包括但不限于数据采集、数据标准、数据确权、数据标注、数据定价、数据交易、数据流转、数据保护等。

（二）着力部署"八个方面"，为数字经济发展提供基础支撑

"八个方面"具体包括夯实综合数字基础设施、有效利用数据资源、加强技术创新力度、培育壮大新兴产业、改造提升传统产业、扩大升级有效需求、优化公平竞争机制、创新政府治理模式，促进数字经济快速发展。

二、促进我国数字经济健康发展的对策建议

数字经济发展过程中所遇到的问题与风险是数字技术推动经济社会转型，传统理论、旧体制与模式被逐渐替代环节中不可避免的现象，而这些问题与风险也只有在促进数字经济健康发展，充分释放数字经济红利的过程中才能充分化解掉。

（一）建设全球领先的数字基础设施，夯实数字经济发展的根基

数字基础设施是发展数字经济、支撑国家数字化转型的重要基础和先决条件。我们在

缩小与发达国家差距的基础上，还要积极打造全球领先的数字基础设施。数字基础设施是数字经济发展的基础"硬件"支撑，主要涉及信息基础设施、融合基础设施等，加强数字基础设施建设，是顺应科技革命新趋势的战略选择，有利于牵引带动数字经济发展。数据要素是数字经济发展的核心"软件"支撑，具有基础性战略资源和关键性生产要素双重属性，海量数据价值的挖掘和释放，将对其他要素效率产生倍增作用，催生新业态、新模式。

（二）发展先进的数字技术产业，掌握数字经济发展主动权

数字技术产业是数字经济发展的先导产业，对数字经济的发展具有火车头式的带动作用。首先，应发挥我国数字技术产业体系完备、规模庞大，技术创新能力大幅提升的优势，抓住第四次产业革命换道超车与跨越发展的机遇，构建具有国际竞争力的数字产业生态体系，抢占数字产业全球价值链高端与主导权，为经济转型升级提供强大动力支持和产业保障；其次，要强化基础研究和前沿布局，通过自主创新，重点突破和国计民生相关的战略技术与数字经济长远发展的"卡脖子"技术，特别是在量子技术、人工智能、未来网络等前沿技术领域实现率先突破，并带动核心芯片、集成电路等薄弱环节实现群体性突破，构建安全可控和世界领先的数字技术体系；最后，发挥我国在大数据、云计算、物联网、人工智能等领域的比较优势与全球领先地位，构建数字"一带一路"，以此来深化数字技术的国际合作与布局。

（三）促进数字技术与传统产业的融合应用，充分释放数字经济发展潜力

我国服务业数字化变革已经走在世界前列，特别是新零售正带动我国的消费服务不断升级，而农业与工业的数字化转型升级则相对滞后，而且与服务数字化水平的差距越来越大。基于此，首先，要通过减税降费等机制体制改革充分释放政策红利，鼓励数字技术与农业、工业领域融合的新业态、新模式不断发展，切实降低企业数字化创新转型的成本负担；其次，面向重点领域加快布局工业互联网平台，鼓励广大企业依托工业互联网平台积极探索平台化、生态化发展模式，改造传统价值链、产业链、服务链与创新链，改善数字技术对传统产业的改造与创新；最后，要完善信息消费市场监管体系与网络安全防护体系，规范数据采集、传输、存储、使用等数字经济有关行为，加大对网络数据和用户信息的保护力度，充分激发民众数字消费潜力。

（四）减少数字技术对就业的结构性冲击，促进数字经济成果全民共享

数字技术对劳动力市场造成的结构性失业冲击，不仅关系到一国数字鸿沟与贫富差距

问题的解决，甚至会影响一国整体的数字经济发展水平。基于此，我们应做到以下几点：首先，政府要与各方合作，开展面向全民的数字素养教育，特别是针对下岗失业、残疾人员等不适合固定场所就业的特定人群，可通过提供相应的数字素养培训和职业技能培训，协助其向数字经济领域转岗就业；其次，要全面强化学校的数字素养与数字技能教育，在各阶段开设网络和计算机基础知识、基本技能、人工智能等课程，使数字素养成为年青一代的必备素质，在高校开设各种与数字技能有关的校企共建课程，通过举办各种技能竞赛、创业集训营等方式培养数字技术高端人才；再次，借助数字技术打造各种就业、创业平台，持续降低创新创业的门槛和成本，支持众创、众包、众筹等多种创新创业形式，形成各类主体平等参与、广泛参与的创新创业局面，为社会创造更多兼职就业、灵活就业、弹性就业机会，增强劳动者在数字经济发展中的适应性与创新性，化解数字经济对就业的结构性冲击；最后，推进移动互联网、人工智能、大数据等数字技术在养老、医疗保障等社会保障领域的广泛应用，同时加快建立、完善适应数字经济发展的用工和劳动保障制度，加强对弱势群体的扶持力度，为个人参与数字经济活动保驾护航，促进数字经济发展的成果全民共享。

（五）逐步完善数字经济法制建设，全面提高数字经济安全水平

数据是数字经济时代的核心生产要素，数据涉及的领域众多，层面非常之广，国家应从战略高度重视数据开发利用、开放共享与数据保护，更应制定明确的法律规定与规章制度保障数字经济安全。首先，应不断完善数字产权、数字税收等与数字经济相关的法律体系，为数字经济发展提供必要的法律制度保障；其次，政府应结合我国数字经济发展实际，借鉴发达国家的先进经验，不断完善个人隐私保护与数字经济安全制度，为数字经济安全发展保驾护航；最后，要做好数据开放共享与数据保护之间的平衡，既要为数字经济创新发展留下适度的空间，还不能影响到数字经济的安全发展。

（六）及时进行组织管理变革，鼓励数字经济创新发展和相关理论研究

任何一个行业或企业的数字化转型都必然需要相应的组织管理变革与之配套，数字经济下，生产方式的数字化，必然要求生产组织管理方式的数字化与之相协调，才能更灵活地满足消费者的需求。首先，政府要简政放权，优化政府部门业务流程和组织结构，努力建设数字政府，并根据数字经济不同阶段的发展特点加大力度制定前瞻性的政策，鼓励企业数字技术研发与创新，为其创新发展提供政策与制度上的便利；其次，数字技术日新月异，相应的商业模式、运营模式也层出不穷，不同类型的企业要结合自身数字化转型的优势与劣势，做好企业的组织、管理、流程数字化转型，并把数字技术积极应用于管理体系

当中，实现更大的突破与创新；最后，对于高校与科研院所而言，要及时了解数字化转型过程中组织管理变革的相关知识理念，并在政府引导下，积极开展数字经济基础理论研究，探索数字经济基本理论与规律，还应建立适应数字经济发展需要的 GDP 统计与核算体系，为促进数字经济社会创新发展提供理论指导，为解决数字经济发展实践中出现的法律、道德与伦理等问题扫除障碍。

三、促进我国向数字化转型的对策建议

以大数据、物联网、云计算、人工智能等数字技术以及工业互联网平台融合应用为特征的数字经济发展，全面促进了传统行业的数字化转型升级，企业、政府和教育部门都要积极适应这一趋势，促使我国向数字化顺利转型。

（一）促进企业数字化转型

在数字经济时代，作为经济社会主体的企业进行数字化转型，是从逐渐适应数字技术到完全依赖数字技术并逐渐形成数字化战略、数字化管理、数字化生产甚至数字化思维的过程。

1. 制定数字化战略，促进数字化投资

在数字经济时代，数字技术部门、产品事业部门和新的数字业务部门之间的界限越来越模糊。未来的数字技术部门将更自然地融合数字技术、数字业务和数字化思维，企业组织的领导力、企业文化以及企业采购策略和其他非技术元素也应进行同样的转变，才能更好适应数字经济时代的要求。所以，所有的组织都应该在积极评估数字技术及数字化力量对自身和其所在行业影响的基础上，把向数字化转型作为组织的核心战略，并将其融入产品生产、业务运营和企业文化的建设当中，才能够相比以前更高速地扩展其业务和实现更大的创新，甚至完全以数字技术和海量数据为生命线，创造出更多新的收入来源，成为真正意义上的数字化原生企业。

数字化指数体现了企业对数字化技术的理解程度以及将数字化技术应用于企业内部的程度，因此企业需要将数字化战略与 IT 区分开来，以此来确立真正意义上的数字化创新战略，才能促使数字化投资与数字化能力的进一步提升。

2. 选择合适的数字化技术路线，探索新兴数字技术

选择合适的数字化技术路线，是促进企业数字化创新的最主要驱动力量。整体来看，企业可选择的数字化技术路线包括基于开源和完全自研两种。企业应在充分评估两种路线的优劣势的基础上，结合自身实力和特点选择合适的数字化技术路线，才能有效利用数字

技术，实现企业技术和业务能力的从无到有、从弱到强。这一过程中的关键技术包括物联网、云计算、大数据、人工智能以及安全云保障等。其中，物联网作为万物互联实现的终端，主要实现数据的采集与收发功能；云计算作为最主要的数字技术，不仅可提供基本的硬件基础设施，也可提供先进的流程管理和软件服务以及相关方法进行指导，助力协同研发、产品互助设计、智能生产和智慧物流服务等方面的效率提升；通过大数据、人工智能技术可进行直接或间接的数据分析进而辅助科学决策，实现数字化创新价值的最大化；而在数字技术助力企业价值链各环节价值创造最大化的同时，价值链上各环节安全操作的复杂性、综合性及数字化程度也在不断提升，只有采用专业的安全云保障服务技术才能为企业在实现数字化转型、发展数字业务过程中提供经济可靠的安全保障。此外，建立专项创新实验室是推动数字化进程中不可缺少的一个环节，通过建设专项创新实验室，研究新兴科技可以推动企业的数字化进程，也可在推动企业数字化创新步伐不断加大的同时，提高数字化科技的投资成效。因此企业在数字化过程中可通过加大建立专项创新实验室的投入，探索新兴数字技术。

3. 借助数字平台生态系统的力量，促进企业数字化转型

在数字经济发展过程中，数字平台生态系统与核心知识产权同等重要。与其他国家相比，中国数字经济发展过程中的生态特征较为明显，BAT 等数字平台企业占有绝对优势的市场份额，其数字化平台上的海量用户、资金、人才以及其他要素等方面的优势为整个数字经济生态系统注入了重要活力。依托数字平台生存的企业数据只有通过数字平台生态系统自由合理流动，才能实现企业内外部的行动相通、数据联通与价值互通，所以在企业的数字化转型过程中，数字化平台生态系统的重要性日益凸显。不同企业均应在数字平台的力量推动下，依托数字平台生态系统中的资金、数据、人才、数字化运营及管理经验等相关资源促进企业数字化转型，实现自身企业平台向数字化平台生态系统转变。大中型企业组织可以通过自建或与合作伙伴共建的方式建立数字化混合云平台，且中小型企业组织则可以使用公有云平台，也可以通过购买服务的方式进行私有化云平台部署，此外，不同企业均应充分借助平台生态系统里完备的要素资源、丰富的运营管理经验、合适的文化机制建设和开放的内外连接能力，积极探索新的商业模式，实现更大幅度的业务创新，才有助于进一步构建更符合自身行业需求的成熟生态系统，进而为依托其运营的更多行业伙伴提供恒久的动力。总之，对于企业来说，建设或加入生态系统并在其中充分汲取养分，实现数字经济下的数字平台自我组织管理、自我激励与成长成为其在数字化转型过程以及长期发展过程中的必然选择。

4. 内部培训与外部引进相结合，打造数字化人才团队

企业在数字化转型过程中，不仅需要对已有员工提供从事数字经济相关工作的职业技

能培训，通过数字化人才培养提升企业数字化创新能力，也可以通过联手培养、在线教育等方式加强人才培养机制建设，从而弥补企业数字化转型过程中的人才短板并获取更大的数字化创新能力，还可以直接聘请更多的外部数字化人才，以推动企业沿着数字化技术进程快速前进。

5. 促进产品数字化营销，帮助企业发现新的市场空间和商业机会

企业在数字化转型过程中要积极运用大数据、云计算、物联网、人工智能等数字技术，不仅运用在研发、生产过程中，也要运用在营销及售后服务环节中。一是企业可借助数字技术进行精准的消费者大数据分析，进而聚集大量的长期需求，或积极开拓更大的新用户市场；二是借助数字技术通过精准的营销可触达更多元、更细分的用户群体，从而可有针对性地对用户特征进行产品开发和创新，进而更好满足其多样化需求；三是借助数字技术促进线上线下融合，打破时间和地理空间限制，促进地区间、城乡间线上与线下市场的一体化发展，通过精准数字化营销为企业获得更多的收入，进而反哺实验室投资、研发设计、技术创新，补齐人才短板，推进企业整个数字平台生态系统的数字化建设进程。

6. 制定科学评价机制，准确衡量数字化投资回报

尽管大部分的企业高管都希望能通过对数字化技术的投资，促进企业营业额的提升与企业长足的发展，然而仍有少数企业不重视持续衡量数字化投资的产出回报水平。其实，随着数字化思维不断融入企业战略的核心，不同企业未来均需要在建立科学评价数字技术投资产出机制的基础上，持续正确衡量数字化技术投资与数字化创新产出，只有这样，方能更好发现数字技术投资过程中的不足与优势，进而更好地指导与激励企业沿着数字化转型进程的快速进步。

（二）促进政府数字化转型

大数据、云计算、物联网、人工智能等数字技术不仅影响着人类的日常工作、生产与生活方式，也对政府提供公共服务方面有着较为深刻的影响。数字技术不但对政府政务服务进行电子化改造，将政务服务不断由线下搬到线上，提高了政务服务的提供效率，而且对政府提供政务服务内容、政务服务提供方式、民众参与度、政府透明度等方面进行全面的改造与创新，加快了政务服务的全面数字化转型。

1. 政府数字化转型的路径

虽然全球不同地区政府数字化转型的路径存在诸多差异，但根据政府数字化程度的演进趋势，政府的数字化转型一般要经历电子政府、一站式政府和数字政府三个阶段。其中，电子政府，主要是指政府部门的 IT 化改造，侧重于政府部门对现有业务流程的数字

化改进，只是一定程度上提高公共服务的效率；而数字政府，则是指可以为广大民众提供移动公共服务的公共政务平台，更侧重于公共服务提供模式的创新和设计，推动传统公共服务发生颠覆式变革；而一站式政府，主要是指政府可以为民众提供跨部门无缝衔接的一站式服务，处于电子政府与数字政府二者之间，既是对各级政府内部各部门政务服务业务流程的总体优化，也在一定程度上促进了公共服务提供模式的创新。所以，政府的数字化转型，可以先通过政府部门 IT 化改造建设电子政府，关注数字技术对政府服务提供工作效率的提升，然后再通过协调各级各部门提供一站式政府服务，通过利用数字技术促进公共服务提供方式与管理模式创新，打造数字政府。

2. 政府数字化转型的方法

政府数字化转型是一个长期的、持续的、循序渐进的过程。促进政府向数字化转型，建设数字政府，首先，要从全局的角度，加强顶层设计，制订战略计划，指导数字化建设，更要根据数字技术发展具体实践需求及时发布促进数字政府建设相关的政策建议，以稳步推动政府数字化建设进程的逐步深化；其次，要设立专门协调政府数字化建设的研究机构或相关部长职务，落实和政府数字化转型相关的战略与政策，化解政府数字化建设中各部门的利益冲突问题，解决政府数字化建设中存在的其他种种问题，协调推动跨区域、跨部门的数字化建设工作；再次，要彻底打破部门割据与"信息孤岛"局面，借助数字技术整合全国各地各级政府部门的公共服务，实现各级各地区各部门间的信息自由流动和资源交换共享，推出一站式公共服务平台，促进公共服务一体化发展；最后，鼓励全国各级政府做好数字政府建设工作，制定数字政府建设相关绩效考评体系，以此来进一步指引政府提升数字治理能力。

（三）促进学校教育数字化转型与全民数字素养的提升

在数字经济时代，随着数字技术突飞猛进的发展，提升国民的数字素养，培养更多具备数据获取、分析、加工、整理、存储等数字素养的数字技能人才，不仅可从供给侧为经济发展提供更多的劳动力基础，也可从需求侧促进数字产品与服务消费的发展，为经济发展提供消费者基础，特别是一些高精尖数字技术人才的培养更成为数字经济时代每个国家国际竞争力提升的关键。不论是全民数字素养的提升，还是高精尖数字人才的培养，都依赖于未来学校教育的数字化转型。

1. 全民数字素养有待提高

随着数字技术日新月异的发展，数字经济下的消费者逐渐成为参与生产的产消者，民众数字素养的内涵也从原来被动地获取和处理数字内容阶段逐步拓展到包括了更多主动地创造和给予阶段，数字素养的内涵与外延也在实践中不断丰富，不断完善，更加适应新的数字时代特征。现在的数字素养可以被看作在新的数字技术环境下，人们在获取、整合资源到理解、评价、相互交流的整个过程中通过使用数字技术，更便捷地获取数字资源，提升参与社会活动的有效性，从而达到参与社会发展进程的能力。数字素养既包括对数字资源的搜索、获取与接受能力，也包括对数字资源的创造、供给与分享能力，从普通民众的角度看，数字素养成为与听、说、读、写同等重要的基本人权与基本生存能力。从劳动力供给的角度看，在传统的农业经济和工业经济时代，有的岗位虽然对劳动者的文化素养有一定要求，但往往只局限于某些职业的一些专业技术岗位，大多职业只要具备专业分工所需的基本技能就可以胜任，而对消费者的文化素养基本没有要求。在数字经济时代，劳动者需要同时具备基本的数字技能和专业技能，数字素养也成为消费者应具备的重要能力。

在数字经济下，数字素养成为对劳动者和消费者的新要求。到 2025 年，生产的概念与方式将发生重大改变，工业制造业体系将由大量机器代替劳动力，人工智能在未来的制造中将发挥出更大的作用，全球大量只具有基本专业技能而数字素养不足的工人将失去工作机会，而数字经济下新产生的大量工作岗位大多都要求具备一定的数字技能，特别是那些被数据分析、数据控制与数据标准制定的技能重新定义的高技能工作岗位更是如此。随着数字技术向传统行业各领域的蔓延、渗透与融合，数字经济下的劳动者越来越需要具有数字素养和专业技能的"双重"技能，甚至是否具有较高的数字素养成为劳动者在就业市场能否胜出的关键因素。对消费者而言，数字素养成为与听、说、读、写同等重要的基本要求，只有具备较高的数字素养，才有可能正确、高效地使用数字产品与服务，促进自己的效用最大化。可见，数字素养的提升不仅有利于促进数字消费增长与消费者效用的提升，也有利于提升数字生产能力，促进更多数字产品与数字服务的供给，促进数字经济的进一步发展。虽然目前社会上已经有不同的企业与机构通过多种形式，从多个层次上开展了大量提升民众数字素养与数字技能的相关活动，但仍缺少一个有效协调的促进民众数字素养提升的教育战略体系或全国性的教育联盟，这也有待于全国各级教育机构的教育模式与教育方法的数字化转型。

2. 多种教育方式结合提升数字素养

提升数字素养，无论是对个人还是对国家，都具有一定的重要意义。越来越多的国家意识到要跟上加速发展的数字技术变革脚步，就必须把数字素养纳入国民教育课程体系之中，越来越多的学校也将数字素养的培育作为其重要的教学目标，希望通过对学生数字素养的培养，学生的学术素养、创造性都得到明显提高。此外，培养数字素养本身便是教育学生适应当前数字经济时代的一个重要内容。正因为这样，数字素养在教育领域的作用还体现在教育体系本身便要求教师具有足够好的数字素养，如此方能教给学生获取资源的方法并传递给学生更多数字资源，加快学生数字技能的提升。

随着数字技术的不断发展，教育方式也在不断发展与变革。首先，近年来兴起的慕课在全球各大高校得以推广，依托互联网和公共数字教育平台等基础设施，任何人均可通过接入网络的智能终端设备甚至不需要注册登录就可以直接学习相关课程，也可以不受任何地域、背景、时间和环境差异的限制直接参与多样化、沉浸式的在线学习，使优秀卓越的教育资源让广大普通民众共享。其次，人工智能等数字技术广泛应用到教育实践领域，通过对教育教学相关数据采集、数据处理、数据建模和人机界面交互等多方面提高接受教育的个性化程度和互动化水平，学习者更容易接受从大规模慕课上智能化推荐的课程设置，在整个学习过程中，可以通过文字、语音、图像、视频甚至体感的数据传输实现互动学习，也可自行实时跟踪学习进度、状态与学习效果，并利用 3D 建模、3D 打印等数字技术进行学习实践与互动体验。教学者也可以在人工智能等数字技术的辅助下，完善教学方式，通过学生学习适时数字化反馈和学习效果的大数据分析对教学内容、教学方式、教学进度进行合理的调整，并依靠数字技术对学生面部表情、体感数据、心理指标等多形式的数据传输评测学生的学习状态和学习效果。最后，除了学校教育以外，作为知识与信息枢纽的社会图书馆等社会组织也承担着数字教育的责任，它们可以通过不断完善数字学习环境，吸引更多的社会民众进入社会图书馆或通过图书馆 APP 等在线学习，发挥民众数字素养及数字技能提升的辅助职能。

总之，经济社会数字化转型是一个巨大的复杂工程，需要政府、企业、学校、社会组织和民众各方共同努力、相互协作才能实现。在这一过程中，政府要为数字化转型提供良好的政策与制度环境；学校要发挥好培养民众数字素养与数字技能的基础性作用；行业协会要推动行业层面的数字化解决方案与相关标准制定；社会组织要承担教育、培训与提升民众多项数字技能的补充职能；企业要积极向数字化方向转型，以此来发挥数字化转型的主体作用，吸引更多拥有数字技能者就业；个人更要通过多种渠道、多种方式努力提高自身数字素养与技能，提高数字经济活动的参与能力和数字经济下的创业与就业实力。

参考文献

［1］邱望仁，黄顺发. 统计学导论［M］. 北京：中国铁道出版社，2023.

［2］李自杰. 管理经济学［M］. 北京：对外经济贸易大学出版社，2023.

［3］郭玉芬. 现代经济管理基础研究［M］. 北京：线装书局，2022.

［4］项勇，卢立宇，陈泽友. 土木工程经济与管理［M］. 北京：机械工业出版社，2022.

［5］陈晶. 经济管理理论与实践应用研究［M］. 长春：吉林科学技术出版社，2022.

［6］李宝敏. 现代事业单位财政税收与经济管理研究［M］. 北京：中国商业出版社，2022. 03.

［7］孙贵丽. 现代企业发展与经济管理创新策略［M］. 长春：吉林科学技术出版社，2022.

［8］姜守亮，石静，王丹. 建筑工程经济与管理研究［M］. 长春：吉林科学技术出版社，2022.

［9］张彬，刘宇. 数字经济测评与管理［M］. 北京：北京邮电大学出版社，2022.

［10］王业篷，宫金凤，赵明玲. 现代经济与管理的多维度探索［M］. 长春：吉林人民出版社，2022.

［11］林永民. 工程经济分析与创新［M］. 哈尔滨：哈尔滨工程大学出版社，2022.

［12］谢世良. 资本创新论［M］. 北京：光明日报出版社，2022. 03.

［13］贾国柱，张人千. 经济管理概论［M］. 3 版. 北京：机械工业出版社，2021.

［14］徐厚宝，闫晓霞. 微积分经济管理：下［M］. 北京：机械工业出版社，2021.

［15］刘盈，姜滢，李娟. 金融贸易发展与市场经济管理［M］. 汕头：汕头大学出版社，2021.

［16］何大义. 熵优化原理及其在经济管理中的应用［M］. 北京：地质出版社，2021.

［17］龚代华. 科学决策学派基于独立信息的经济管理模式［M］. 南昌：江西高校出版社，2021.

［18］李丽清. 工业工程应用案例分析［M］. 武汉：华中科技大学出版社，2021.

［19］李涛，高军. 经济管理基础［M］. 北京：机械工业出版社，2020.

［20］李雪莲，李虹贤，郭向周. 现代农村经济管理概论［M］. 昆明：云南大学出版社，2020.

［21］陈莉，张纪平，孟山. 现代经济管理与商业模式［M］. 哈尔滨：哈尔滨出版社，2020.

［22］麦文桢，陈高峰，高文成. 现代企业经济管理及信息化发展路径研究［M］. 北京：中国财富出版社，2020.

［23］莫笑迎. 新时代经济管理创新研究［M］. 北京：北京工业大学出版社，2020.

［24］石振武，程有坤. 道路经济与管理［M］. 2 版. 武汉：华中科技大学出版社，2020.

［25］王道平，李春梅，房德山. 企业经济管理与会计实践创新［M］. 长春：吉林人民出版社，2020.

［26］王伟舟，张艳. 经济学［M］. 2 版. 北京：北京理工大学出版社，2020.

［27］何小燕，杨文华. 新时代经济管理类大学数学教学改革与实践探究［M］. 长春：吉林人民出版社，2020.

［28］陈德智，毕雅丽，云娇. 金融经济与财务管理［M］. 长春：吉林人民出版社，2020.

［29］赵高斌，康峰，陈志文. 经济发展要素与企业管理［M］. 长春：吉林人民出版社，2020.

［30］经宏启，陈赛红，李小明. 工程经济管理［M］. 合肥：安徽大学出版社，2019.

［31］伍国勇. 农林经济管理专业写作实践教程［M］. 成都：西南交通大学出版社，2019.

［32］高军. 经济管理前沿理论与创新发展研究［M］. 北京：北京工业大学出版社，2019.